3 MOIS POUR ÉCRIRE UN ROMAN

Préparer, planifier, écrire

AUDE RÉCO

3 MOIS POUR ÉCRIRE UN ROMAN

Préparer, planifier, écrire

Édition : BoD – Books on Demand
12/14 rond-point des Champs-Élysées, 75008 Paris

Impression : BoD – Books on Demand,
Norderstedt, Allemagne

ISBN : 978-2-3224-1400-0

Dépôt légal : avril 2022

TABLE DES MATIÈRES

AVANT-PROPOS

Il paraît que trois mois, c'est l'idéal pour écrire son roman, alors, je vous ai préparé de quoi y parvenir. Vous trouverez, dans ce guide, des astuces d'écriture, mais apprendrez aussi à écrire votre roman sans vous négliger.

Ce guide, c'est mon expérience en près de quinze ans d'écriture, la bienveillance en plus. C'est tout ce que j'ai pu acquérir de technique et expérimenté pour toujours rester au plus proche de moi-même.

Parce qu'écrire, c'est aussi un état d'esprit, j'ai allié technique et *mindset* dans ce guide. J'espère que vous y trouverez ce dont vous avez besoin : des astuces structurées qui se soucient de votre bien-être dans l'écriture, un soutien, une oreille attentive, des méthodes adaptables...

1. AVANT DE COMMENCER...

Partie I
Trouver le temps d'écrire son roman

L'auteur·rice en vous se demande comment trouver le temps d'écrire son roman ? C'est une excellente question, qui en amène d'autres, mais nous aborderons chaque point dans les différents chapitres qui composent ce guide, qu'il s'agisse de comprendre le facteur temps, d'apprendre à gérer son temps ou de mettre en place ce que l'on appelle le travail en profondeur.

Une fois que vous aurez intégré une relation saine à votre temps disponible (qui est la seule notion de temps que vous aurez à prendre en compte pour réussir à écrire régulièrement et sur la durée), nous pourrons passer à la préparation de votre roman, puis à l'écriture de celui-ci.

Trouver le temps d'écrire son roman : comprendre le facteur temps

La première étape pour trouver le temps d'écrire un roman est de comprendre le facteur temps. (Ce temps que l'on a tendance à considérer comme un ennemi, alors qu'il est un super allié.)

Il existe une différence entre le temps perçu et le temps disponible, laquelle peut nous amener à nous retrouver en fin de journée sans avoir effectué aucune de nos tâches. Ça, c'est parce que, plus on accorde de temps à notre cerveau, plus il se dit... qu'il a le temps. Il est donc essentiel d'apprendre à gérer son temps, à profiter du temps réel comme temps disponible sans chercher à accumuler les heures de travail. (Non, plus d'heures travaillées n'équivalent pas à plus de tâches effectuées.)

Apprendre à gérer son temps

La deuxième étape pour trouver le temps d'écrire un roman est de commencer par apprendre à gérer ce temps.

La gestion de son temps n'est pas toujours une sinécure. Elle se révèle pourtant essentielle au bon développement de votre activité. Une mauvaise gestion de son temps entraîne un retard, mais aussi du stress.

Pour commencer, ne pensez plus en termes de ratio temps/tâches effectuées comme vous le faisiez jusqu'à présent :

- Demandez-vous de combien de temps vous avez besoin pour effectuer une tâche précise (et cette tâche uniquement !)
- Oubliez le mythe de la personne incroyable qui gère plusieurs tâches à la fois, c'est une très mauvaise idée
- Rappelez-vous que plus d'heures travaillées n'équivalent pas à plus de tâches effectuées.

Comme je l'écrivais dans la partie précédente (sur la compréhension du facteur temps), plus vous accordez de temps à votre cerveau, plus il se dit qu'il a le temps de s'y mettre. Le cerveau humain a besoin de temps prédéfinis pour se mettre au travail. C'est pour cette raison qu'il est important que vous sachiez combien de temps vous prend une tâche précise ET qu'il est essentiel de ne pas vous occuper de tout dans le même créneau. (Chaque chose en son temps, comme on dit. Eh oui, vous lirez beaucoup le mot « temps » dans ce chapitre.)

Décortiquons maintenant les trois points évoqués dans la liste ci-dessus.

Combien de temps pour quelle tâche ?

Combien de temps vous faudra-t-il pour effectuer une tâche précise ? (Et cette tâche uniquement, je le rappelle.) S'il s'agit d'une tâche imposante (écrire votre roman, par exemple), vous la découperez en tâches moins impressionnantes et plus faciles à atteindre : écrire le chapitre 1 pendant la première semaine du mois d'avril, échelonner l'écriture du premier tiers sur le premier mois… (Nous verrons tout ceci plus en détail avec le planning d'écriture que je vous ai préparé.)

On ne vous demande pas d'être précis·e à la minute près, bien sûr, mais comme il faut partir de quelque part, voici un plan de route que j'ai adapté de celui de Brian Tracy, décrit dans son audiobook *Pas d'excuses : le pouvoir de l'autodiscipline* (si mon retour sur cet audiobook vous intéresse, vous trouverez en fin de guide, dans les ressources, un lien pour le lire) :

1. Définissez votre objectif à atteindre (à l'écrit, c'est plus engageant)
2. Fixez-vous une date butoir
3. Découpez votre objectif en sous-objectifs (j'en ai déjà parlé)
4. Définissez ce qui sera à acquérir (connaissances ou matériel) pour atteindre votre objectif
5. Classez vos sous-objectifs par ordre de priorité
6. Mettez-vous immédiatement au travail.

Je détaillerai chacune de ces étapes dans la deuxième partie de ce chapitre. Juste avant, j'aimerais revenir sur deux points qui, à mon sens, pourraient vous aider dans la compréhension de votre temps disponible, puis dans l'organisation de celui-ci.

6 lois pour organiser son temps de travail

Avant de trouver le temps d'écrire un roman, il est nécessaire (et je l'écrivais plus haut) de comprendre le facteur temps, duquel nous dépendons tou·te·s. Pour cela, rien de plus simple, puisqu'il existe six lois toutes bêtes :

- La loi de Murphy : on garde une marge pour les imprévus
  - ✓ Pour les gérer sereinement
  - ✓ Pour ne pas être débordé·e
  - ✓ Pour rester dans les délais que l'on s'est fixés
  - ✓ Pour ne pas stagner, car il est important de se voir évoluer
- La loi de Carlson : on limite les interruptions
  - ✓ Le cerveau peut rester concentré, en moyenne, vingt minutes d'affilée
  - ✓ Une interruption signifie plus de temps pour reporter son attention sur une tâche
  - ✓ On n'oublie pas de se prévoir des pauses
- La loi de Pareto : on se concentre sur l'essentiel
  - ✓ On détermine ce qui est essentiel
  - ✓ On ne se disperse pas
  - ✓ On s'en tient aux tâches que l'on s'est initialement fixées
- La loi de Parkinson : on se fixe des délais

- ✓ Ces délais sont raisonnables et réalistes, mais pas trop éloignés dans le temps
- ✓ Les délais sont idéaux pour stimuler le cerveau
- ✓ On ajuste ces délais au besoin
- La loi de Laborit : on effectue les tâches les plus ingrates, ennuyeuses ou difficiles en premier
  - ✓ On se débarrasse ainsi des tâches qui ne nous motivent pas
  - ✓ On se récompense, après, en se concentrant sur les autres tâches
- La loi d'Illich : on s'accorde des pauses régulières
  - ✓ Les pauses permettent de relancer la motivation et la concentration
  - ✓ On en profite pour s'étirer, s'aérer, se préparer une boisson chaude
  - ✓ On ne reste pas plus d'une heure d'affilée sur sa tâche.

Une fois que vous avez pris conscience de ces six lois (et sans aller jusqu'à dire que tout sera plus simple), vous pouvez commencer à chercher des solutions pour écrire votre roman. J'en ai justement une qui, chaque jour, fait des merveilles sur moi.

La technique Pomodoro

La technique *Pomodoro* est une technique vraiment toute bête, qui consiste à s'accorder un temps précis pour chaque tâche. Elle ne nécessite aucun outil, hormis un minuteur (que vous avez sûrement dans votre cuisine) et se découpe comme suit :

- 25 minutes consacrées à votre tâche
- 5 minutes de pause
- Répétez trois cycles (25 minutes + pause) en remplaçant les cinq dernières minutes de pause par 15-30 minutes.

La technique *Pomodoro* s'appuie sur quatre des six lois présentées plus haut :

- Carlson : on limite les interruptions pour bien profiter de son temps de travail
- Pareto : on se concentre sur l'essentiel sans se laisser distraire
- Parkinson : on se fixe des délais pour inciter notre esprit à ne pas vagabonder
- Illich : on s'accorde des pauses régulières, essentielles au renouvellement de notre motivation et notre concentration.

Un temps pour tout

Il y a un temps pour tout. Un temps pour écrire et un autre pour les distractions. Si chercher à produire envers

et contre tout est nécessaire (c'est ce que l'on appelle
« discipline »), il n'est pas utile d'aller à l'encontre de
vos besoins ni de vos limites.

Le temps est, avant tout, une notion qu'il faut
comprendre, avant d'espérer en tirer profit. Bien en saisir
les mécanismes vous permettra de mieux appréhender
votre rapport à lui ; c'est ainsi que l'on peut trouver le
temps d'écrire son roman et, par extension, d'atteindre
ses objectifs.

Partie 2
Le plan de route

Dans la première partie, nous avons appris à distinguer le temps perçu et le temps disponible, à n'effectuer qu'une tâche à la fois et que plus d'heures travaillées n'équivalent pas à plus de tâches effectuées. (Ne vous inquiétez pas, je détaillerai ce point dans la partie 4 de ce chapitre, dédiée au travail en profondeur.) Revenons-en maintenant au plan de route que j'ai adapté de celui de Brian Tracy. (Dans son audiobook *Pas d'excuses : le pouvoir de l'autodiscipline*, donc.)

Je vous rappelle les six étapes qui le composent :

1. Définissez votre objectif à atteindre (à l'écrit, c'est plus engageant)
2. Fixez-vous une date butoir
3. Découpez votre objectif en sous-objectifs
4. Définissez ce qui sera à acquérir (connaissances ou matériel) pour atteindre votre objectif
5. Classez vos sous-objectifs par ordre de priorité
6. Mettez-vous immédiatement au travail.

Je vous propose, sans plus tarder, de développer chacune de ces étapes.

Définissez votre objectif à atteindre

16

Optez pour un objectif clair, simple et réalisable (oui, je le redis et le re-redis depuis la sortie de mon guide anti-procrastination) :

- Clair pour savoir précisément quelle direction vous empruntez
- Simple pour ne pas vous décourager
- Réalisable pour alimenter votre satisfaction personnelle. (Surtout en découpant un gros objectif en plus petits objectifs.)

On ne décide pas d'atteindre un objectif du jour au lendemain. Il faut de la persévérance et un plan d'attaque, des dates limites et une idée précise de ce que l'on veut, tout en veillant à nos besoins, à nos limites et à nos envies.

Fixez-vous une date butoir

Se fixer une date butoir est une excellente façon de signaler au cerveau que l'on n'a pas tout le temps que l'on veut pour mener à bien un projet. (Essayez de vous donner, exceptionnellement, la journée pour écrire et vous verrez que vous passerez plus de temps sur les réseaux sociaux ou YouTube qu'à réellement écrire.) Le cerveau est capricieux et il a besoin d'un encadrement strict. Comme les habitudes. Prenez donc celle de lui fixer une date butoir pour tout ce qui le nécessite. (À moins que, comme moi, vous vous sachiez capable de mener un projet à son terme sans date butoir.)

Découpez vos objectifs en sous-objectifs

J'en ai brièvement parlé dans la première de ces six étapes : découper un gros objectif en sous-objectifs, lesquels vous apporteront de la satisfaction plus rapidement que si vous attendiez de mener à bien votre projet. Il s'agit là d'un procédé enthousiasmant qui vous donnera le sentiment d'avancer et non de stagner. (Ce qui arrive souvent quand on se lance dans un gros projet, surtout si on en attend beaucoup.) Pour éviter la frustration du quotidien, aménagez-vous des étapes et n'hésitez pas à cocher les cases au fur et à mesure ; c'est très motivant ! (Et c'est la raison pour laquelle j'ai ajouté une *check-list* à la fin de ma méthode flocon revue et améliorée. Rendez-vous dans l'annexe 1 pour la découvrir.)

Définissez ce qui sera à acquérir pour atteindre votre objectif

Pour vous faciliter la tâche et vous permettre de travailler en profondeur (même si je reviendrai sur le sujet dans la partie 4 de ce chapitre), je vous conseille ces deux livres : *Deep work* sur le travail en profondeur exclusivement et *Pas d'excuses* sur l'autodiscipline.

(Vous retrouverez mes retours sur ces deux livres dans les ressources, en fin de guide.)

Ils se concentrent pas mal sur le monde des affaires, au début, mais empruntent très vite une voie plus personnelle. (Même si je ne suis pas d'accord avec tout pour *Pas d'excuses*, il demeure un ouvrage intéressant sur notre rapport à l'autodiscipline et aux barrières que nous nous dressons parfois volontairement.)

Classez vos sous-objectifs par ordre de priorité

Tous vos sous-objectifs ne sont pas égaux en termes de priorité, et il est important que vous sachiez les ordonner ainsi. Par exemple, vous pouvez écrire votre roman sans avoir son titre précis en tête, mais vous pourriez difficilement le présenter à une maison d'édition ou l'autopublier sans ce fameux titre.

Pour classer vos sous-objectifs par ordre de priorité, pensez à la matrice d'Eisenhower :

	Tâches non urgentes	Tâches urgentes
Tâches importantes	À planifier	Priorité
Tâches non importantes	À renégocier ou déléguer	À oublier (pour l'instant)

Mettez-vous immédiatement au travail

Si vous attendez le moment parfait pour vous lancer dans votre projet – et sans vouloir vous offenser –, sachez qu'il ne viendra jamais. Il y aura toujours un élément extérieur pour se mettre en travers de votre chemin. Tout ne sera jamais à 100 % parfait. Les planètes ne seront jamais alignées comme vous le souhaitez.

Dès que vous avez toutes les clés en main pour commencer votre projet, lancez-vous !

Partie 3
S'organiser pour écrire son roman (outils et planification)

Dans la partie 2, nous avons vu l'utilité de définir ce que vous aurez à acquérir pour atteindre votre objectif. Cela concerne autant les connaissances (parce qu'il y a toujours un moment où l'on doute sur un élément, une date…) que le matériel. C'est de matériel dont je vais parler ici, et plus particulièrement d'organisation.

S'organiser pour écrire son roman avec trois applications

On n'a, heureusement, pas besoin d'une foultitude d'outils d'organisation pour écrire son roman. Pour ma part, deux applications suffisent (je ne suis pas friande des logiciels d'écriture) :

- Notion : avant, j'utilisais Trello, puis j'ai découvert Notion, qui est le top de l'application pour s'organiser. Elle est disponible sur ordinateur et sur smartphone. (Avec synchronisation, bien sûr.) La formule gratuite est amplement suffisante, à mon humble avis (tableaux, pages, listes, calendriers, timelines, suivis…)

- Fabrique à histoire : là encore, une application. Disponible depuis peu sur ordinateur (il vous en coûtera néanmoins 4 $ mensuels pour synchroniser le contenu de l'ordinateur avec celui du smartphone), je la trouve très complète avec son espace pour les idées, que vous pouvez intégrer au synopsis, les fiches-personnages, les timelines...

À ces deux applications, j'ajouterai deux outils d'organisation.

Deux outils pour s'organiser

Quand on parle de s'organiser pour écrire son roman, on pense tout de suite aux logiciels et applications d'écriture, mais 1) ils ne conviennent pas à tou·te·s et 2) ils ne suffisent pas à tout le monde.

La To-Do List

Mon premier outil incontournable est la *To-Do List*. Très simple à mettre en place, elle permet de remotiver le cas le plus désespéré rien qu'en barrant une tâche effectuée. Elle est une précieuse alliée quand on veut s'organiser pour écrire son roman. Claire (normalement) et flexible, elle est souvent le déclic qui convainc de se mettre au travail.

Attention, toutefois, à ne pas en abuser :

- Pas plus de trois tâches quotidiennes (cinq, grand maximum)
- Pas plus d'une tâche à la fois
- Prévoir une plage horaire suffisante.

Pour en arriver à une *To-Do List* respectueuse de soi-même, il y a tout un travail à effectuer, un apprentissage de ses propres habitudes et de ses limites, comme nous l'avons vu précédemment.

La *To-Do List* est particulièrement efficace quand on la combine à une bonne planification.

La planification : Bullet Journal, agenda, planner..

La planification est l'outil qui vous permettra de planifier (sans blague) et de voir dans le temps ce qu'il vous reste à faire. Ainsi, vous pourrez gérer votre temps et savoir concrètement où vous en êtes.

Personnellement, j'utilise un Bullet Journal, car j'ai besoin de pages spécifiques, comme la *Master List*. (Qui est, pour celleux qui l'ignoreraient, une giga liste pour le mois, le trimestre...) Il y a bien longtemps que l'agenda ne me convient plus, mais chacun·e sa préférence. Disposer d'un outil structuré pour planifier ses tâches quotidiennes fait (normalement) que l'on a envie d'y revenir, contrairement aux feuilles volantes, que l'on aura tendance à égarer.

Des outils qui vous conviennent

Peu importe les outils que vous choisissez pour écrire votre roman, le principal est qu'ils vous conviennent. N'hésitez pas à tester diverses méthodes et combinaisons, à changer de support si le besoin s'en fait ressentir, voire à vous organiser autrement. Ne forcez pas si une méthode ne vous convient pas parce qu'elle semble idéale pour d'autres : vous n'êtes pas les autres. Enfin, accordez-vous le temps de tâtonner. Une (nouvelle) organisation ne se met pas en place d'un claquement de doigts. (Surtout quand on s'essaie au travail en profondeur.)

Partie 4
Écrire un roman en moins qu'il n'en faut pour le dire

Non, le titre de cette partie n'est pas fallacieux. Oui, j'y propose des mesures concrètes pour écrire un roman sans perdre de temps. Je l'ai écrit pour que vous découvriez tout de la méthode que j'ai développée pour travailler en profondeur, mes trucs et astuces, et mon processus de A à Z.

Le travail en profondeur, c'est quoi ?

Mais, comme toujours, avant de chercher à appliquer des astuces, il convient de comprendre dans son entièreté le concept qui est présenté.

Le travail en profondeur, c'est simplement quand on est absorbé par la tâche qui nous occupe. Enfin, simplement... Non, puisque nous vivons dans une société de plus en plus active et connectée. Inconsciemment, nous avons développé une attirance pour le simple et rapide, alors qu'écrire un roman est à l'opposé total : c'est long et fastidieux.

Cette société hyperconnectée se traduit par

- les notifications incessantes sur le smartphone

- les commentaires plus ou moins immédiats sous une publication (pareil pour les *likes* et autres *retweets*)
- la réponse à des emails (lesquels ne sont pas forcément urgents)
- les textos
- les appels non sollicités...

Je suis certaine que vous trouverez vos propres sources de distraction au-delà de celles que je viens de citer.

Une société de plus en plus active et connectée, donc, mais qui ne crée pas plus. Ni mieux. (J'aurais pu employer le terme « produire », mais écrire un roman va au-delà de la simple production à mes yeux, même si je parle souvent de productivité sur le blog, dans le podcast...)

Nous ne créons pas plus ni mieux. Nous créons même par intermittence. Pendant la pause déjeuner, entre deux autres tâches, ce qui induit trois problèmes majeurs relatifs à la concentration :

1. Nous travaillons plus lentement et, par extension, nous progressons moins vite
2. Nous nous contentons de ce que nous avons, sans chercher à améliorer nos capacités (et notre rapport à l'écriture, par la même occasion)

3. Nous n'aboutissons pas forcément nos projets à cause de l'ennui qu'ils génèrent.

Nous travaillons plus lentement et, par extension, nous progressons moins vite

Dans son livre *Deep work*, Cal Newport aborde l'épineux sujet de notre vitesse de travail. (Ou vitesse de production.) Si son livre se concentre beaucoup sur le travail du savoir (comme la recherche, qu'il connaît bien), je continuerai à adapter cette partie du guide à l'écriture d'un roman. Dans *Deep work*, Cal Newport aborde donc l'épineux sujet de notre vitesse de travail et se met en quête d'analyser nos comportements pour expliquer pourquoi nous produisons si peu et si mal. (Si mal dans le sens où l'on ne s'y prend pas comme il le faudrait.) Pourquoi, surtout, nous avons sans cesse l'impression de manquer de temps.

D'abord, nous prônons le multitâche, là où le monotâche devrait primer. Ensuite, nous vouons une sorte de culte à internet en cherchant à montrer que nous produisons. Enfin, nous nous limitons à une illusion grâce à laquelle nous éprouvons un sentiment de satisfaction immédiate. Ces trois éléments tendent surtout vers une chose : ils visent à nous rassurer. Oui, on est toujours dans le coup ; la preuve, on vient de poster sur Twitter le bouclage d'un nouveau chapitre. (Ce que Twitter ignore, c'est combien de temps il a fallu vraiment pour écrire ce chapitre et dans quelles conditions il a été écrit.)

Nous cherchons à nous rassurer, à démontrer (à nous-mêmes ou aux autres) que nous sommes utiles : à nous-mêmes en répondant à quelques emails entre deux autres tâches, aux autres en le postant sur les réseaux sociaux. C'est de la satisfaction sur le court terme, laquelle ne peut pas intervenir systématiquement dans le cadre de l'écriture d'un roman.

Oui, écrire un roman, c'est long et fastidieux ; je l'écrivais plus haut. Oui aussi, chacun·e peut y remédier en quelques astuces simples :

- S'aménager des créneaux sans internet ou, si besoin, avec un accès restreint (pas de réseaux sociaux, on coupe les notifications sur le téléphone, on ne consulte pas sa boîte de réception, on installe une application qui bloque tout ou partie d'internet, comme Freedom, que j'utilise personnellement depuis deux ans...)
- Préparer précisément ce sur quoi nous devons travailler (on se fixe des objectifs simples, clairs et réalisables ; pas plus de trois par jour, trois par semaine ou trois par mois)
- Prendre des pauses, car le cerveau est un muscle ; il a besoin de s'exercer, mais aussi de se reposer.

Travailler sans créneaux, dès que l'on a cinq minutes, sans s'isoler pour effectuer ses tâches et en surveillant la casserole de lait sur le feu, ce n'est pas du travail en profondeur. C'est une illusion, celle d'avoir réussi à aligner quelques lignes malgré la journée que nous venons de passer, par exemple. Une illusion parce que nous pouvons faire tellement mieux et en moins de temps. Cela nécessite de l'entraînement, des déceptions et des doutes ; de s'organiser, et cette organisation peut mettre un certain temps à fonctionner. Mais n'oubliez pas que vous pouvez écrire plus et mieux en moins de temps. Vous progresserez plus vite, aussi, car vous écrirez plus, et écrire plus fait partie de l'entraînement. Enfin, vous n'aurez plus l'impression de toujours courir après le temps, cette denrée que nous pensons si rare, alors que nous scrollons sur nos réseaux sociaux à la moindre pause. (Dans la salle d'attente du médecin, à la caisse du supermarché...) Habitude qu'il vous faudra impérativement proscrire si vous voulez progresser.

Des conséquences de la satisfaction immédiate

Les réseaux sociaux équivalent à une forme de satisfaction immédiate. Nous postons un contenu, quel qu'il soit, puis récoltons des *likes* et des *retweets*, des commentaires dans le meilleur des cas. C'est cette instantanéité qui nous perd lorsque nous cherchons à travailler en profondeur. Il n'y a pas ce sentiment de satisfaction immédiate parce qu'écrire un roman – même en gagnant du temps comme je vous l'explique dans cette partie – reste un processus long. Or, consulter nos réseaux sociaux plusieurs fois par jour, visionner des vidéos sur le trajet du boulot, écouter un podcast en attendant l'ouverture du magasin... sont des habitudes qui accroissent notre besoin d'instantanéité. Nous ne savons plus nous ennuyer. Pourtant, l'ennui est nécessaire à la créativité.

C'est cet ennui que nous craignons dans le processus d'écriture d'un roman. C'est souvent ce même ennui qui nous pousse à abandonner, sous couvert de « De toute façon, je n'ai pas le temps » et autres idées bien reçues. Pas une seule seconde, nous pensons nous trouver, peut-être, dans une boucle qui nous fait ressasser les tâches déjà accomplies au lieu d'aller au fond du problème afin de lui trouver une solution. Encore une fois, c'est notre besoin d'instantanéité qui parle : approfondir le problème nous ennuie parce que la réflexion est souvent longue. (Ou on anticipe sa durée, alors que, parfois, il suffit d'une pause pour retourner une situation à notre avantage.) Alors, faute de mieux, on se tourne vers le multitâche, cette vaste fumisterie.

Pouponner pendant que l'on surveille le lait sur le feu (pour reprendre mon exemple de tout à l'heure), écouter un podcast en conduisant, écrire un roman en ayant ses pensées tournées vers la tâche précédente... On appelle ceci les restes de l'attention. C'est le fait de se consacrer à une tâche, alors que nous pensons encore à la précédente. On ne se consacre pas pleinement à notre tâche en cours parce que nos pensées sont ailleurs. La fragmentation des tâches est partiellement à l'origine de ce comportement, là encore, embêtant si l'on cherche à travailler en profondeur.

Nous nous contentons de ce que nous avons, sans chercher à améliorer nos capacités

J'ai (longuement) parlé du culte d'internet et de ce qu'il nous met bien dans l'embarras dès qu'il s'agit de se mettre sérieusement au travail. Nous sommes d'ailleurs souvent tenté·e·s de tout lui coller sur le dos parce que, c'est bien connu, ce n'est jamais de notre faute. Les emails qui s'accumulent, c'est à cause des collègues de travail. Les notifications sur les réseaux sociaux, c'est à cause des autres qui sont trop bavards. (Surtout pas à cause de notre propre habitude de poster pour un rien.) En plus, tout ce qui touche à internet est forcément bon ou nécessaire. Il faut se montrer pour montrer que l'on produit. (Mais du coup, moins bien et moins vite parce qu'on perd du temps à montrer cette productivité amoindrie en la faisant passer pour une productivité au top.) On nous dit que c'est nécessaire, alors, ça le devient. Parce que tout le monde le fait, on le fait aussi en se disant que c'est là la manière dont il faut procéder.

Coupons donc internet et demandons-nous s'il est plus important de progresser plus vite pour, par exemple, nous dégager du temps pour lire, jardiner, faire du sport… ou de se montrer parce que, grosso modo, « c'est comme ça ». Parce qu'il en faudra, du temps, pour préparer, puis écrire votre roman. (Et je vous démontrerai, tout au long du présent guide, que vous n'aurez pas besoin d'enterrer votre vie sociale pour y parvenir.)

2. LA PRÉPARATION : PERSONNAGES ET SYNOPSIS DE TRAVAIL

Partie I
Créer les personnages de son roman

Créer les personnages de son roman implique de les caractériser tout en leur donnant vie. C'est-à-dire de faire en sorte que læ lecteur·rice puisse les distinguer par leur apparence physique, leur façon de parler et leurs actes. C'est un peu jongler avec les yeux bandés, au début. Si vous avez du mal à caractériser vos personnages, cette partie pourrait vous aider à y voir plus clair. (Et j'y reviens dans l'annexe 1 avec ma méthode flocon revue et améliorée.)

Les personnages sont ceux qui soutiennent l'intrigue

Créer les personnages de son roman revient à les anticiper, à anticiper leurs actes et leurs réactions. Qu'ils soient personnage principal, secondaire ou tertiaire, leurs actions doivent coïncider avec leur personnalité, leur but, leur implication morale...

Les personnages sont les piliers du roman : læ lecteur·rice pourra s'identifier à eux, partager leurs valeurs, leur colère, leurs peines... Ce qu'ils sont (couleur de peau, orientation sexuelle, genre...) et ce qu'ils représentent (éducation, idéologies...) sont les deux éléments qui caractérisent vos personnages. Créer les personnages de son roman implique de les connaître sous ces deux angles, de faire connaissance avec eux, de les comprendre.

Comprendre ses personnages

Pour comprendre ses personnages et leur insuffler une forme de vie, il est nécessaire de les distinguer par rapport

- à la diversité de l'être humain : un personnage possède une conscience, un passé. Il a des habitudes, présente des différences ethniques, sociales, culturelles. Il a une personnalité et des réactions qui ne correspondent qu'à lui et

c'est ce qui le distingue de ses semblables au
sein de l'humanité

- aux cultures, à la culture humaine et à
  l'organisation sociale : langage, culture,
  technologie, sciences, spiritualité, morale, etc.,
  façonnent l'être humain et son organisation
  sociale. La relation à autrui intervient quand on
  se questionne sur l'individualité au centre de la
  communauté, quand la culture, ce mélange
  d'influences, s'en fait la porte-parole

- à sa relation à l'autre : la relation à autrui se
  résume au mot « communication ». Verbale,
  non verbale, écrite... Les supports sont
  nombreux et conduisent fréquemment à des
  quiproquos, erreurs, difficultés... Cette relation
  passe par des émotions que l'on garde pour soi,
  ou, au contraire, que l'on expose (de manière
  disproportionnée, violente, provocatrice,
  intime…) à sa relation à l'autre au niveau
  individuel : les relations d'un individu ont pour
  but la recherche du plaisir et de la gratification.
  Mais le plaisir de certain·e·s peut s'apparenter
  à du sadisme chez d'autres, de même que le
  désir de gratification, de reconnaissance peut
  mener à des actes irréfléchis, voire extrêmes

- à sa relation à l'autre au niveau
  communautaire : un personnage n'est ni à
  100 % bon ni à 100 % mauvais, juste nourri

par ses décisions, inquiété du regard qu'on lui porte, mais, surtout, guidé par ses émotions. Aristote n'avait donc pas tout à fait tort en nous qualifiant d'« animal social », car, là où un animal agira par instinct, selon ses sentiments ou par intérêt, l'Homme se comportera de la même façon.

Pensez à vous référer à l'annexe 1, en fin de guide, pour en savoir plus l'identification du personnage, ses motivations, son combat, son antagoniste…

Une voix/e pour chaque personnage

Si les personnages sont les piliers d'un roman, c'est parce qu'ils possèdent chacun une voix propre. Une voie aussi.

Certains ont des buts ou des engagements similaires, mais chaque personnage fera les choses à sa manière. Chaque personnage développera son potentiel, aura quelque chose à gagner ou à perdre. Certains chercheront la vérité, d'autres s'opposeront à la majorité. Enfin, quelques-uns vous donneront parfois l'impression de vous échapper ; c'est la limite à ne pas franchir.

L'émancipation des personnages ?

L'émancipation des personnages, vous connaissez ? C'est un phénomène que je n'ai jamais vraiment compris.

Il se définit par le fait que les personnages d'un roman, au cours de l'écriture de celui-ci, mènent leur vie propre. Au lieu de suivre les règles préétablies par l'auteur·rice, ils n'en font qu'à leur tête. L'auteur·rice doit ensuite éponger les bêtises pour conserver le rythme, la cohérence et l'intérêt de son intrigue. Et je ne comprends pas que certain·e·s auteur·rice·s permettent cette « rébellion ». Je m'explique.

J'ai une certaine habitude du contrôle quand j'écris. Cette habitude prend dès la phase préparatoire du roman. Que je travaille en architecte (c'est-à-dire en préparant tout de À à Z) ou en jardinière (c'est-à-dire en ne préparant rien, plus rare chez moi), jamais mes personnages n'ont pris le dessus sur ce que j'imaginais pour eux. Même en travaillant en jardinière, même en me passant de fiches-personnages, je n'ai jamais eu à affronter cette rébellion des personnages. Ils ont toujours suivi le schéma que j'avais préparé pour eux. Et je ne parle pas d'affronter leur rébellion pour rien.

Un personnage n'est pas qu'un pion qu'on avance sur un échiquier. Enfin, si, dans le sens où les échecs sont un jeu de stratégie ; placer ses personnages au bon endroit, au bon moment, tient aussi de la stratégie, et je pense que vous ne me contredirez pas là-dessus. Ce que je veux dire, c'est qu'un personnage n'est pas qu'un pion que l'on déplace dans le texte au gré de ses envies d'auteur·rice. Ses déplacements doivent avoir une raison d'exister. (De même que le personnage, et par conséquent, ses actions, son inaction et ses choix ont une raison d'exister. Ils servent l'intrigue et le récit.)

Je ne prétends pas que tout doit être calculé à l'avance. Moi-même, je ne prépare qu'un tiers de synopsis de travail au coup. Ça me permet d'ajuster les grandes lignes tracées dès le début de la phase préparatoire, puis d'affiner tout ça dès que je rédige un autre tiers du manuscrit. (Vous trouverez une infographie à la fin de l'article, ce sera peut-être plus clair.) Il arrive parfois qu'un personnage soit mieux placé qu'un autre pour accomplir une action, mais alors, ce personnage faisait déjà partie du noyau de base. Il était déjà présent dans la scène ; je l'ai juste « élevé au niveau supérieur ». Et cette accession au niveau supérieur ne chamboulera pas mon intrigue. (L'émancipation des personnages implique souvent de gros, gros changements au niveau de l'intrigue.) Mais les conséquences d'un personnage qui se met à faire ce qu'il veut vont au-delà de l'impact de son comportement sur l'intrigue et le récit.

Là, je vous parle de promesses et de paiement. J'y ai fait brièvement allusion dans mon article sur le fusil de Tchekhov, d'ailleurs. Un personnage qui se met à faire ce qu'il veut ne tiendra pas forcément ses promesses, les promesses faites par l'auteur·rice aux lecteur·rice·s. Il ne tiendra pas ses promesses parce qu'il ne se trouvera pas là où l'attendaient les lecteur·rice·s, à mener l'action à laquelle iels s'attendaient. Alors, oui, ça ajoute de l'imprévu à l'intrigue, puisque le personnage ne tombe pas juste par rapport aux prévisions des lecteur·ice·s, mais ceci s'appelle un retournement de situation, et un retournement de situation, ça se prépare ; ce n'est pas au personnage de décider qu'il va renverser la vapeur.

Je ne comprends donc pas quand un·e auteur·rice parle d'émancipation de ses personnages. Ce sont des personnages qui, à terme, n'honoreront pas le rôle qu'on leur a attribué, et si vos personnages ont tendance à prendre la tangente, alors, peut-être que vous leur aviez attribué le mauvais rôle dès le départ. Oui, c'est un peu vache ce que j'écris là, mais un bon personnage ne sortira pas de ses clous. Il suivra le chemin que vous lui aurez tracé parce qu'il s'agit de la bonne voie. Il aura quelques écarts de conduite, ça arrive, mais globalement, il suivra le chemin que vous lui indiquez parce sa cohérence le veut. S'il agit d'une autre manière, son attitude pourrait être assimilée à celle d'un autre personnage et, alors, peut-être que l'un des deux est tout simplement inutile.

Créer les personnages de son roman est un processus important

Un personnage est une histoire dans l'histoire et une façon de nourrir celle-ci. Je sais que l'exercice qui consiste à créer les personnages de son roman est difficile. On nous demande, à la fois, d'imaginer des personnages cohérents et captivants.

Pourtant, créer des fiches-personnages ne se limite pas à attribuer un caractère, des caractéristiques physiques, des valeurs morales, etc. à vos personnages. Il y a toute une réflexion derrière : la cohérence du personnage (actes, amitiés, inimitiés…), sa place au sein de l'intrigue (antagoniste, héros, soutien…), l'impact de ses interventions sur les autres personnages et sur l'intrigue… C'est notamment l'une des raisons pour lesquelles j'ai tenu à vous proposer une version revue et améliorée de la méthode flocon : plus cohérente et moins impressionnante par la masse de travail à effectuer pour en venir à bout. (Rendez-vous dans l'annexe 1 pour la découvrir !)

Partie 2
Planifier son roman avant de l'écrire ?

Faut-il planifier son roman avant de l'écrire ? N'est-ce pas déjà l'écrire un peu ? Est-ce que ça ne gâche pas le plaisir de l'écriture, de la découverte ? Vous avez tout lu et son contraire à ce sujet ? Faisons le point ensemble !

Je tenais particulièrement à ajouter cette partie au guide, car je lis souvent que la planification est un frein à la créativité ou une charge de travail supplémentaire. Je suis architecte, la plupart du temps, mais il m'arrive d'écrire un roman sans filet. Et je peux vous dire que tout planifier de A à Z ne m'a jamais ôté le plaisir de l'écriture. Je considère même la planification comme partie intégrante du métier et du travail en profondeur, dont nous avons déjà parlé. (Je la vois comme une forme d'autodiscipline, et si vous voulez vraiment écrire votre roman en trois mois, il vous faudra en passer par là.)

Architecte : tout prévoir est-il un frein à la créativité ?

Commençons par le commencement : qu'est-ce qu'un·e architecte en écriture créative ? C'est celui ou celle qui planifie jusqu'au moindre retournement de situation ou, *a minima*, ne se lance pas dans l'écriture de son roman sans un synopsis détaillé. (En bref, c'est moi.)

L'architecte établit un plan et s'y tient au maximum.

Iel peut se le permettre, car, dans sa planification, il aura pensé à toutes les éventuelles modifications à porter. Iel ne sait pas ce qu'est l'émancipation des personnages parce qu'iel estime que ça ne devrait pas arriver si un personnage est correctement préparé. (Et c'est un avis que je partage, vous le savez, maintenant.) S'il y a un problème, iel pourra intervenir sans se soucier de réécrire les trois quarts de son roman.

L'architecte prévoit tout, mais sa créativité réside autant dans la planification que dans l'écriture. Planifier son roman avant de l'écrire n'est qu'une expression différente de sa créativité. Croire l'architecte incapable de créativité est une idée reçue, au même titre que le chaos supposé chez les jardinier·ère·s.

Jardinier·ère : ne rien prévoir est-il la porte ouverte au chaos ?

Alors que certain·e·s ont besoin de planifier leur roman avant de l'écrire, d'autres se lancent en jardinier·ère·s. Iels préfèrent « semer des graines ». (D'où leur surnom.) Dans l'imaginaire collectif, iels avancent au flair ou au *feeling*, mais c'est un poil plus compliqué.

Se compliquer la tâche ?

Ne pas planifier son roman avant de l'écrire, est-ce se compliquer la tâche ? Peut-on vraiment écrire sereinement dans ces conditions ? N'est-ce pas avancer à tâtons, au risque de se retrouver dans une impasse, de perdre un temps monstrueux en réécriture ?

Pas du tout. Être jardinier·ère en écriture créative ne signifie pas qu'on ignore complètement où l'on va. Il est tout à fait possible de mûrir son texte sans prendre la moindre note. Je l'ai fait pour un roman compliqué. (Entendre par là avec des bonds dans le temps et dans l'espace.) J'en ai aligné les 86 000 mots en deux mois, me disant toujours que je devrais noter, au moins, mes évènements importants, mais sans ne jamais le faire. Ma bêta-lectrice et moi-même n'avons relevé aucune incohérence lors de notre relecture. Parce que je savais où j'allais. Même si je n'ai rien noté, moi, l'architecte de service, je connaissais mon point de départ, mon point d'arrivée et toutes les étapes pour les relier. (Ce qui répond déjà un peu à la question du paragraphe suivant.)

N'est-ce pas cultiver un trop-plein d'idées ?

Comme on entend souvent dire que planifier son roman avant de l'écrire revient à se gâcher la découverte, il est aussi fréquent d'entendre que ne pas le planifier est un risque de céder à un trop-plein d'idées. Encore une fois, quand on est jardinier·ère, on sait quand même où l'on va. C'est, surtout, qu'on ne sait pas forcément quels chemins on empruntera. Les réactions des personnages demeurent floues, leur avenir aussi. On ignore quels lieux seront le théâtre de quels évènements. On élague au fur et à mesure.

Intégrer trop d'idées à son roman n'est pas l'apanage des jardinier·ère·s. On peut très bien préparer son roman dans les moindres détails et se planter totalement sur le dosage des idées. C'est la raison pour laquelle, si vous leur posez la question, beaucoup d'auteur·rice·s vous répondront qu'iels sont archinier·ère·s ou jarditecte·s... et que ça dépend du projet sur lequel iels travaillent.

Alors, faut-il planifier son roman avant de l'écrire ?

Comme je l'indiquais juste au-dessus, planifier son roman avant de l'écrire dépend, notamment, du roman en question. Il n'existe pas de règle parfaite (comme toujours en écriture) ni de règle à suivre. Votre façon de procéder est aussi légitime que celle des autres auteur·rice·s. Néanmoins, je vous invite à voir, avec le chapitre suivant, si le travail de synopsis est fait pour vous. Si tel est le cas, l'annexe 1 vous tendra les bras bien assez tôt !

3. RÉDIGER LE SYNOPSIS DE TRAVAIL DE SON ROMAN

Écrire le synopsis de son roman est une étape qu'affectionnent particulièrement les architectes. Ce synopsis, appelé de travail (puisqu'il n'est qu'une base de travail), permet de connaître le déroulé de son roman avant même d'en commencer l'écriture. (Ce qui n'empêche pas un·e jardinier·ère de savoir aussi précisément où iel va, comme nous l'avons vu dans la partie 2 du chapitre précédent.) Si l'écriture du synopsis de votre roman vous intéresse, c'est sur ce chapitre qu'il faut vous pencher ! (Avant de vous orienter vers l'annexe 1, dédiée à ma méthode flocon revue et améliorée.)

Avant toute chose : qui fait quoi ?

Précédemment, j'ai parlé d'écrire le synopsis de son roman selon la méthode flocon. Ici, j'aimerais, plutôt, vous faire part de ma propre méthode pour y parvenir. Et, si je reprends les étapes de la méthode flocon, ce n'est absolument pas dans le même ordre. (Ce chapitre est un aperçu de ce que vous trouverez dans l'annexe 1, qui regroupe un pas-à-pas, des astuces et des exercices.)

D'abord, et avant même d'envisager écrire un résumé, il me faut savoir qui fait quoi.

Je l'écrivais dans le chapitre précédent, les personnages sont les piliers du roman. Il me semble, donc, tout naturel de déterminer lesquels sont impliqués dans quelle péripétie.

Je ne me vois pas avancer dans le développement de mon roman sans connaître les personnages qui vont le soutenir, qui vont le faire vivre. Pour cela, les fiches-personnages me sont particulièrement utiles. Après, seulement, je me permets de rédiger un résumé, lequel changera au moins trois ou quatre fois avant de me satisfaire.

Du résumé au synopsis de travail

Le résumé est la toute première base de votre futur synopsis de travail. Pour l'écrire, je conseille toujours de penser au QQOQCP :

- Quoi ?
- Qui ?

- Où ?
- Quand ?
- Comment ?
- Pourquoi ?

Normalement, à ce stade, vous êtes déjà en mesure de répondre aux « Quoi ? » et « Qui ? ». (Raison pour laquelle je préfère réfléchir aux personnages, ainsi qu'aux actions qu'ils mènent avant de m'atteler au résumé et ses autres questions.)

Vous pouvez aussi écrire votre résumé en suivant l'ordre des péripéties que vous avez prévues pour votre roman. Il sera plus complet et, associé au QQOQCP, il constituera une excellente base à votre synopsis de travail.

La composition du synopsis de travail

Nous entrons (enfin !) dans le vif du sujet : écrire le synopsis de travail de son roman. Pour cela, il convient d'en connaître la composition :

- Contexte de base
- Péripétie 1 : fin de l'acte I
- Péripétie 2 : nœud central de l'acte I
- Péripétie 3 : fin de l'acte II
- Dénouement : acte III.

Ça, c'est pour la structure la plus classique, dite « linéaire ». (Décrite dans la méthode flocon, d'ailleurs.) Rien ne vous empêche d'adopter une structure enchâssée, en parallèle... Si l'une de ces structures vous intéresse, je vous invite à lire mon article sur le sujet. (Vous en trouverez le lien dans les ressources, en fin de guide.)

Écrire le synopsis de son roman à partir de la structure du récit

Il est donc possible d'écrire le synopsis de son roman à partir de la structure du récit, c'est-à-dire d'écrire un résumé pour chaque personnage. La méthode flocon préconise une page A4 pour les personnages principaux et une demi-page A4 pour les personnages secondaires, mais, moi, je vous conseillerai d'exploiter l'espace dont vous avez réellement besoin. (Sans pour autant donner trop de place à certains de vos personnages. Gardez à l'esprit que vos personnages secondaires ne doivent pas voler la vedette aux principaux, mais, aussi, que l'espace que vous leur allouez dans votre synopsis ne reflète pas leur importance dans le texte.)

Écrire le synopsis de travail de son roman à partir du synopsis de chaque personnage a l'avantage de permettre une vue d'ensemble avec les fils narratifs qui se croisent et se complètent...

Écrire le synopsis de travail de son roman ?

Pour écrire le synopsis de travail de son roman, c'est un peu comme chacun·e le sent. Certain·e·s opteront pour le synopsis de travail au fil des péripéties. (Pas forcément limitées aux trois actes présentés par la méthode flocon, j'y reviens dans l'annexe 1 avec ma version revue et améliorée.) D'autres s'intéresseront davantage aux personnages, comme je le fais. Optez pour le schéma dans lequel vous êtes davantage à l'aise. Mêlez-les, même, si c'est là ce que vous préférez. Encore une fois, il n'y a pas de règles absolues en écriture créative.

4. LA PRÉPARATION : COMMENCER SON ROMAN EN TROIS POINTS

J'ai hésité à laisser ce chapitre parce que j'étais partagée concernant sa place au sein de ce guide. Je me demandais s'il s'appliquait vraiment au sujet d'écrire un roman en trois mois. Après tout, il ne concerne pas le travail en profondeur, ni l'organisation, ni aucune méthode d'écriture. J'ai donc posté un sondage sur les réseaux sociaux afin de récolter les avis de mes abonné·e·s. (Et vous vous doutez que ça a été un grand « Carrément ! », sans quoi vous ne liriez pas cette introduction quelque peu inhabituelle.)

Passons donc aux trois points par lesquels commencer votre roman, deux passages obligatoires et un optionnel. J'espère que ce chapitre vous aidera à relativiser l'appréhension des premières lignes, si c'est là un schéma dans lequel vous vous reconnaissez.

Partie I
Faut-il écrire un prologue à son roman ?

Écrire un prologue à son roman ou ne pas en écrire est un débat très fréquent dans le milieu de l'écriture et de l'édition, déjà, parce que les éditeur·rice·s ont tendance à ne pas l'apprécier. Mais, avant de se pencher plus en détail sur la question, il convient de savoir précisément ce qu'est un prologue. (Non, il n'est pas censé être le truc chiant et inutile qui ouvre certains romans.)

Qu'est-ce qu'un prologue ?

Le prologue n'est pas un chapitre. Il ouvre le roman, mais sans avoir de réelle incidence sur l'histoire. (Il ne la fera pas basculer.) Je le compare souvent à un point non linéaire de l'intrigue. (C'est là qu'interviennent les « Quelques années plus tard ».) Il a pour objectif de proposer un autre point de vue sur un évènement ou un personnage que celui présenté dans le reste du roman. (Le personnage méchant qui se fait passer pour un gentil, par exemple ; ça peut être intéressant de le montrer aux lecteur·rice·s afin qu'iels connaissent tout de suite les risques encourus par les autres personnages, qui, eux, ne se doutent de rien.)

Le prologue n'est pas, non plus, censé être un fourre-tout à clichés. La mode est au prologue dans les romans de fantasy, mais rien ne vous oblige à utiliser des éléments scénaristiques éculés comme l'Élu·e (avec un « É » majuscule, j'insiste) et la prophétie qui læ concerne... Pareil pour la magie. Pareil pour le bestiaire. (C'est dans tous ces domaines que vous pouvez innover, imaginer, c'est ça votre job, finalement.)

Jouer sur les attentes des lecteur·rice·s

Juste avant, je vous ai parlé d'introduire le roman sous un angle différent de celui du reste dudit roman, de présenter un évènement ou un personnage quelques années plus tard ou plus tôt, donc, vous l'aurez compris, écrire un prologue à son roman équivaut à jouer sur les attentes des lecteur·rice·s.

Les caractéristiques d'un bon prologue

Écrire un prologue à son roman doit être une étape utile et non superficielle. Le prologue doit s'intégrer à l'histoire sans la faire basculer (je le répète, au cas où) et permettre aux lecteur·rice·s de s'immerger dans l'action. (En ce sens, écrire un prologue avec une action folle pour partir, ensuite, sur deux, trois chapitres ennuyeux, le

temps que l'intrigue s'installe, c'est un très mauvais plan
– dans tous les sens du terme !)

Mêler présentation d'univers et action, c'est possible

Je comprends qu'il faille du temps et de l'espace pour que l'intrigue s'installe (surtout en fantasy, genre auprès duquel le prologue a la côte), toutefois, mêler présentation d'univers et action, c'est possible. Mieux, ça marche du tonnerre. Encore une fois, vous n'êtes pas obligé·e d'intégrer une course-poursuite, une attaque ou un meurtre. L'action peut revêtir diverses formes, à vous de trouver laquelle sied le mieux à votre texte. Enfin, gardez un rythme régulier tout au long de votre intrigue. (Le prologue n'y fait pas exception.)

Écrire un prologue à son roman ou ne pas en écrire ?

La plupart du temps, vous vous rendrez compte de l'inutilité de votre prologue. Au pire, vous le supprimerez. Au mieux, vous l'intégrerez à un chapitre. Juste une fois, essayez de l'écrire quand votre roman est terminé. Vous jugerez, alors, de la nécessité de sa présence. Ou pas.

Quoi qu'il en soit, prologue ou non, il vous faudra maîtriser l'art délicat de la première scène, mais on verra ça dans la prochaine partie.

Partie 2
Écrire la première scène de son roman

Écrire la première scène de son roman n'est pas de tout repos. Elle est celle que lit en premier læ lecteur·rice. (À moins qu'iel feuillette le livre avant, et ça, on l'a tou·te·s fait.) Elle est surtout celle qui lui donnera envie de tourner la page ou refermer le livre, celle qui l'immergera dans l'intrigue – si tout se passe comme prévu. Que les enjeux de la première scène vous soient méconnus ou que vous cherchiez comment la rendre inoubliable, cette partie est pour vous !

Les enjeux de la première scène

Qu'elle apparaisse dans votre prologue ou votre chapitre 1, la première scène a l'épineuse mission de pousser læ lecteur·rice à continuer votre roman en

- se posant des questions
- se demandant ce qu'il adviendra des personnages.

Vous devez titiller sa curiosité, attirer son attention et, surtout, la garder. Jusqu'au bout de préférence. Il y a mille et une façons d'écrire la première scène de son roman, autant qu'il y a d'auteur·rice·s : par de l'action pure et dure, du *worlbuilding* (mais oubliez Tolkien, aujourd'hui, ça ne passerait plus), une scène que l'on retrouvera à un autre moment du roman…

Écrire la première scène de son roman

Ce qui fonctionne chez certain·e·s ne fonctionnera peut-être pas pour vous.

En effet, tout dépend du genre de votre texte, de vos personnages, du ton qu'ils emploient, de votre contexte... Même si vous prenez exemple sur un roman de fantasy parce que vous en écrivez un, la réussite de cette scène d'introduction n'assure pas celle de la vôtre. (Gardez en tête l'exemple de Tolkien.) Par ailleurs, le risque, pour vous, est de finir avec une sorte de copier/coller tout fade et avec des enjeux peu clairs, puisque vous aurez calqué sur une autre œuvre sans trop savoir où vous, vous voulez aller.

Du coup, ma première astuce pour écrire la première scène de son roman est de savoir où l'on va, au moins dans les grandes lignes. Vous n'êtes pas obligé·e de rédiger un synopsis de travail (si vous préférez bosser en jardinier·ère, procédez ainsi), mais connaître les principaux arcs de votre intrigue, leurs tenants et leurs aboutissants est, selon moi, un prérequis.

Une première scène claire et efficace

La première scène doit être équilibrée en termes d'action, de présentation des personnages et de contexte.

(Vous n'enclenchez pas le mode encyclopédie pour planter votre monde, pensez à Tolkien, encore, oui.)

On part, ici, sur une prouesse, je vous l'accorde, mais il n'y a là rien d'impossible. À vous de jongler entre l'action et les descriptions. Mettez vos personnages en mouvement, en conditions, placez-les dans votre décor, puis faites vivre celui-ci autour d'eux. Faites-les évoluer dans des rues étroites, sur la grande place d'un village ou dans une salle des commandes d'un vaisseau spatial, mais n'essayez pas de tout présenter, de tout décrire en même temps.

Ma deuxième astuce pour une première scène efficace est d'évoluer avec vos personnages, de décrire ce qu'ils voient, entendent, sentent, pressentent, ressentent... Allez-y petit à petit ; de toute façon, les lecteur·rice·s n'arriveront pas à tout enregistrer d'un bloc.

Prendre la première scène comme elle vient

Écrivez votre première scène comme elle vous vient. Lentement, rapidement, avec ou sans hésitations, laissez-vous porter. Ça paraît cliché, présenté ainsi, mais ne vous posez pas dix mille questions ; elles pourraient vous freiner. Une volonté de trop bien faire dès le début, dès, peut-être, les tout premiers mots posés sur votre roman, pourrait ralentir votre inspiration du moment, voire vous empêcher de poursuivre pour réécrire, réécrire et réécrire, cette foutue première scène.

Ce troisième point est surtout une astuce pour rester dans le bain. Écrivez comme les mots vous viennent et ne vous préoccupez pas (encore) de la suite. Un premier jet n'a pas vocation à être parfait. Votre première scène, à terme, devra être la meilleure possible, mais vous avez le temps.

Par-delà le stress de la première scène

Écrire la première scène de son roman est, je le sais, une étape difficile et importante. Elle met à rude épreuve notre sens des priorités, on a envie de tout raconter en même temps... Essayez plutôt de la voir comme un coup d'essai. À mesure que vous avancerez dans votre texte et que vous y trouverez vos marques, vous pourrez toujours revenir sur cette première scène et l'adapter au reste, la rendre plus vivante... Rien ni personne ne vous oblige à écrire une première scène parfaite du premier coup.

Pour vous y essayer, j'avais réalisé un tutoriel audio que vous pouvez retrouver dans les ressources, à la fin du guide.

Partie 3
Écrire le premier chapitre de son roman

Écrire le premier chapitre de son roman est un enjeu tout aussi important que la première scène. Sauf qu'il doit tenir la route sur la durée et donner un plus vaste aperçu de ce que sera votre roman. Vous vous demandez comment y parvenir sans trop tâtonner ? Suivez le guide !

Au-delà de la première scène

Au-delà de votre première scène (qui doit être la meilleure possible, je le rappelle), c'est tout le premier chapitre qui doit se montrer à la hauteur 1) de votre première scène (entendre par là que si votre première scène est absolument géniale et que le reste s'enfonce dans l'ennui et les dialogues inutiles, c'est pas bon) et 2) de votre roman en général.

Écrire le premier chapitre de son roman, c'est comme présenter une vitrine.

Écrire le premier chapitre de son roman

D'abord, læ lecteur·rice tombe sous le charme de votre couverture, puis découvre la quatrième de couverture. Enfin, plus tard, vient le moment où iel lit votre premier chapitre. Là, vous avez bénéficié d'une couverture super (normalement) pour attirer le regard et d'un résumé pour attiser la curiosité. Dites-vous qu'avec un·e éditeur·rice qui ne demande pas de synopsis avant d'étudier votre roman, celui-ci n'a que son premier chapitre pour faire ses preuves et se démarquer. Et, même avec un synopsis à l'appui, celui-ci ne laissera rien entrevoir de votre style puisqu'il s'agit, somme toute, d'un document très simpliste et réducteur.

Les premières phrases sont cruciales

J'entends souvent dire ou lis souvent que les premières phrases sont cruciales auprès d'un·e éditeur·rice et d'un·e lecteur·rice. Personnellement, j'étendrais ce principe à l'intégralité du premier chapitre, véritable reflet (normalement, *bis repetita*) du rythme de votre intrigue, du ton de vos personnages et de la qualité de votre narration.

Encore une fois, écrire le premier chapitre de son roman équivaut à donner un avant-goût de ce que læ lecteur·rice y trouvera. C'est, en partie, ce qui fait son efficacité.

Un premier chapitre efficace

Tout comme votre première scène, un bon chapitre se doit d'être efficace. C'est-à-dire qu'il doit planter le décor global, intégrer vos personnages et installer l'intrigue. Il doit refléter ce que læ lecteur·rice trouvera dans tout votre roman, læ convaincre d'enchaîner avec le chapitre 2... Écrire le premier chapitre de son roman, c'est comme en écrire la première scène au niveau des enjeux, mais à plus grande échelle. Il vous permet de disposer de plus d'espace pour faire ce que vous avez à faire et de laisser entrevoir des intrigues secondaires à votre intrigue de base. Prenez garde, néanmoins, à ne pas vous emballer en commençant d'emblée tout ce que vous avez prévu, c'est un coup à perdre des bouts de lectorat en chemin.

Il n'y a pas de règles en termes de chapitre

Enfin, il n'y a pas de règles précises en matière de chapitre. (Comme souvent en écriture.)

La longueur de vos chapitres n'appartient qu'à vous. Si l'envie vous prend de faire comme les autres parce que ça vous rassure, oubliez. Si l'envie vous prend d'ajuster vos chapitres pour qu'ils pèsent à peu près le même nombre de mots (ou de signes espaces comprises), oubliez aussi. Ces conseils sont cruciaux tout au long de votre roman, plus encore en ce qui concerne votre premier chapitre. Lui seul a le devoir de représenter votre intrigue, vos personnages et votre style. N'y ajoutez rien par complaisance ; tout doit être absolument crucial, le superflu n'a pas sa place. Ni ici ni nulle part. Jamais.

5. LA PRÉPARATION : GÉRER LES PHASES D'ÉCRITURE DE SON ROMAN

Partie I
Les phases d'écriture de son roman

Gérer les phases d'écriture de son roman s'apparente souvent à un yoyo émotionnel. Enthousiasme à fond les ballons ou moral en chute libre, il vous faudra apprendre à gérer ces différentes phases qui peuvent gâcher tout votre processus créatif, voire le réduire à néant. Dit comme ça, c'est plutôt effrayant et ça le sera encore plus quand vous saurez que la gestion de ces phases repose essentiellement sur vous et votre volonté.

Ce chapitre s'intéressera plus à l'auteur·rice (vous !) qu'à la technique, car, écrire, c'est aussi beaucoup de *mindset* !

Les phases de l'écriture de son roman

Gérer les phases d'écriture de son roman passe, à mon sens, par deux points :

- La gestion de son temps (nous en avons parlé dans le chapitre 1, et j'en ai davantage parlé dans *Comprendre la procrastination pour atteindre ses objectifs* ; là encore, vous en trouverez la référence dans les ressources)
- L'importance de bien se connaître. (Sujet que je développerai dans la partie 3 de ce chapitre.)

Au-delà, il est intéressant de connaître les différentes étapes qui ponctueront l'écriture de votre roman, car, de l'enthousiasme aux lignes finales, je vous garantis un sacré tour de montagnes russes :

- L'enthousiasme : vous commencez votre texte. Si vous avez suivi la méthode flocon pour les préparations ou gribouillé quelques scènes au préalable, afin de tâter la température, normalement, vous avez déjà fait connaissance avec vos personnages. Mais l'euphorie du début, flocon ou pas, reste ce qu'elle est : une période où tout est possible. Les options s'accumulent, des idées d'approche(s) vous viennent et ça vous met en joie. Rassurez-vous, ça ne va pas durer

- La désillusion : avec la désillusion s'amorce une lente chute vers la sous-estimation. Vous réévaluez la solidité de l'intrigue, l'utilité de certains personnages, de certaines situations, vous vous demandez si vous êtes capable d'arriver au bout de ce manuscrit. La réponse est « Oui »

- Le sursaut d'optimisme : on remet le pied à l'étrier, on n'abandonne surtout pas, et arrive le sursaut d'optimisme. S'il est bon pour le moral, un trop-plein risquerait de forcer un jugement peu raccord avec le texte. N'oubliez pas qu'il s'agit d'un premier jet et qu'il ne sera jamais bon tel quel

- La chute libre : là, normalement, vous constatez que, en effet, votre premier jet ressemble à une espèce de chaos organisé en scènes et en chapitres. Il faudrait revoir tel passage, réécrire telle introduction de personnage... Tout comme pendant l'étape de la désillusion, résistez à l'envie de revenir en arrière. Relisez, surtout si vous n'avez pas touché à votre texte depuis longtemps, mais empêchez-vous de corriger. Ma petite technique personnelle : je prends des notes dans un carnet, ça me permet de regrouper certains points avant les corrections, mais ce n'est pas encore l'heure de corriger

- Je vais y arriver : que votre texte soit bon ou mauvais à vos yeux, vous le terminerez. Autrement, vous aurez l'impression d'avoir tout raté, et une immense déception ressortira de l'expérience
- Je-vais-y-arriver : cette fois, en mode euphorie-c'est-bientôt-terminé. Les dix derniers pour cent sont là et n'attendent que vous. Même si vous avez une irrésistible envie de finir, ne bâclez pas !

La gestion de son temps

On ne se lance pas dans l'écriture de son roman sans savoir, à peu près, de combien de temps on dispose sur la semaine. Pour moi, c'est de la logique, mais ce n'est pas évident pour tout le monde. J'en profite donc pour refaire un bref point sur la gestion de son temps.

Dans le tout premier chapitre, j'abordais deux étapes pour trouver le temps d'écrire :

- Comprendre le facteur temps : différence entre le temps perçu et le temps réel
- Apprendre à gérer son temps : établir des priorités et des limites.

De l'importance de bien se connaître

La deuxième étape que je viens de vous rappeler fait partie d'un ensemble dont, je trouve, on ne parle pas assez chez les créateur·rice·s : le besoin de bien se connaître.

Qu'il s'agisse de capacités, de priorités, de *deadlines* tenables ou non, d'objectifs, de processus créatif, de limites..., bien se connaître permet d'appréhender plus sereinement l'écriture de son roman. Même si nous passons tou·te·s par les six phases mentionnées dans ma liste. Bien se connaître permet de ne pas laisser tomber au premier coup de mou, de se donner les moyens d'atteindre son but, et ce, en toute conscience.

Gérer les phases d'écriture de son roman

Gérer les phases d'écriture de son roman s'acquiert. Au début, on tâtonne, et c'est bien normal parce que, au début, on ne se connaît pas sur le bout des doigts. On ne connaît pas son moi créatif sur le bout des doigts. On se cherche au fil des œuvres, on essaie de se faire une idée. Pour faire le point sur le sujet, je présenterai, dans la suite de ce chapitre, des solutions concrètes afin de gérer les phases d'écriture de votre roman.

Partie 2
Astuces pour gérer les phases d'écriture de son roman

Dans cette nouvelle partie, je vous partage mes astuces pour gérer les phases d'écriture de votre roman. (Après la théorie de la précédente, la pratique ! Sachez, toutefois, que je reviendrai plus en détail sur chacune des phases dans le chapitre 6.)

Rappel des six étapes de l'écriture de son roman

Dans la partie 1 de ce chapitre, je vous partageais les six phases à connaître pour les gérer lors de l'écriture de votre roman. Comme un rappel n'est jamais de trop, je vous les indique à nouveau :

- L'enthousiasme : vous commencez votre texte. Si vous avez suivi la méthode flocon pour les préparations ou gribouillé quelques scènes au préalable, afin de tâter la température, normalement, vous avez déjà fait connaissance avec vos personnages. Mais l'euphorie du début, flocon ou pas, reste ce qu'elle est : une période où tout est possible, les options s'accumulent, des idées d'approche(s) vous viennent et ça vous met en joie. Rassurez-vous, ça ne va pas durer

- La désillusion : avec la désillusion s'amorce une lente chute vers la sous-estimation. Vous réévaluez la solidité de l'intrigue, l'utilité de certains personnages, de certaines situations, vous vous demandez si vous êtes capable d'arriver au bout de ce manuscrit. La réponse est oui

- Le sursaut d'optimisme : on remet le pied à l'étrier, on n'abandonne surtout pas, et arrive le sursaut d'optimisme. S'il est bon pour le moral, un trop-plein risquerait de forcer un jugement peu raccord avec le texte. N'oubliez pas qu'il s'agit d'un premier jet et qu'il sera rarement bon tel quel

- La chute libre : là, normalement, vous constatez que, en effet, votre premier jet ressemble à une espèce de chaos organisé en scènes et en chapitres. Il faudrait revoir tel passage, réécrire telle présentation de personnage... Tout comme pendant l'étape de la désillusion, résistez à l'envie de revenir en arrière. Relisez, surtout si vous n'avez pas touché à votre texte depuis longtemps, mais empêchez-vous de corriger. Ma petite technique perso : je prends des notes dans un carnet, ça me permet de regrouper certains points avant les corrections, mais ce n'est pas encore l'heure de corriger

- Je vais y arriver : que votre texte soit bon ou mauvais à vos yeux, vous le terminerez. Autrement, vous aurez l'impression d'avoir tout raté et une immense déception ressortira de l'expérience
- Je-vais-y-arriver : cette fois, en mode euphorie-c'est-bientôt-terminé. Les 10 derniers pour cent sont là et n'attendent que vous. Même si vous avez une irrésistible envie de finir, ne bâclez pas !

Astuces pour gérer les phases d'écriture de votre roman

Maintenant que vous avez bien en tête les phases d'écriture de son roman, nous pouvons passer aux astuces. Il y en a six, une pour chaque phase, et elles sont simplissimes à mettre en place. Elles ne nécessitent aucun matériel, si ce n'est du papier et un stylo, et n'engendrent aucun coût supplémentaire.

Les phases très (trop) optimistes

Parmi les phases très (voire trop) optimistes, nous avons :
- La première avec l'enthousiasme.
- La troisième avec le sursaut d'optimisme.
- La sixième avec les dix derniers pour cent.

La première phase est un enthousiasme naturel chez l'auteur·rice, qu'iel attende de pouvoir écrire son roman depuis longtemps ou le prépare depuis tout aussi longtemps. Elle est très inspirante ou nourrissante pour le roman et son auteur·rice. C'est aussi l'étape où tout roule, où tout va être merveilleux, absolument génial, de l'écriture du roman à son déroulé.

L'idéal serait de retrouver cette « innocence » du début chaque fois qu'on se sent attiré·e vers la désillusion et la sous-estimation de soi-même. À ce stade, je conseille de dresser une liste de toutes les raisons pour lesquelles écrire ce roman va être super. L'idée est de pouvoir piocher dedans dès qu'apparaissent les premiers signes de négativité.

La troisième phase est un sursaut d'optimisme. Tout à coup, on s'aperçoit que le texte n'est pas si pourri pour un premier jet. On se rappelle aussi toutes les fois où on a lu qu'un premier jet n'a pas vocation à être parfait. Attention, néanmoins, à ne pas sombrer dans l'effet inverse, à se dire que, de toute façon, les corrections seront là pour rattraper toutes nos erreurs. C'est vrai, mais bien plus gonflant quand on a mal fait le job en amont.

Ici, il s'agit de puiser dans ce sursaut d'optimisme tout en gardant les pieds sur terre. Ne pas se jeter à corps perdu dans l'écriture de son roman me paraît judicieux, de même que s'aménager de vrais temps de pause et de ressourcement. (Livres, séries télé, films, puzzles, coloriage, jeux vidéo, promenades...)

La sixième phase concerne les dix pour cent finaux de l'écriture du roman. C'est le moment où l'on se sent capable de gravir des sommets, et il s'agit d'une très bonne énergie. Cela dit, ne bâclez pas la fin de votre roman ; vous le regretteriez. (Sauf si vous n'avez vraiment aucune idée de la fin idéale et que vous préférez en repousser l'écriture après une première salve de corrections.)

Pour résister à l'envie de bâcler votre fin, vous pouvez lister chaque élément qui la composera, puis barrer quand vous aurez écrit la ou les scènes correspondantes. C'est plus concret et très motivant pour ne pas se précipiter.

Les phases négatives

Parmi les phases négatives, nous comptons :

- La deuxième avec la désillusion
- La quatrième avec la chute libre
- La cinquième avec une motivation très en demi-teinte.

La deuxième phase est l'autre face de la médaille, dont la première est composée par l'enthousiasme du début. Forcément, au bout d'un moment, la routine d'écriture s'installe, et il n'y a plus cette découverte initiale. Pire, vous pourriez vous ennuyer pendant une partie de la rédaction de votre roman !

Pour y remédier, rappelez-vous ce qui faisait votre enthousiasme à la première phase. C'est le moment parfait pour piocher dans la liste établie durant cette première phase.

La quatrième phase est, sans doute, la pire parce qu'on a l'impression de ne plus rien maîtriser du tout. Notre motivation est aux fraises, on en a marre de s'entendre dire de rester concentré·e. On n'en peut plus des bons conseils et astuces. On est seul·e face au manuscrit. (Ce qui est faux. Il y a toujours moyen de s'entourer, et ce, à chaque étape.)

Pour résister à l'envie de revenir en arrière pour corriger un tas d'incohérences, notez tous les changements qui vous viennent à l'esprit dans un carnet. Pourquoi spécifiquement un carnet ? Parce qu'il vous donnera une perspective nouvelle et vous pourrez y revenir sans avoir à remonter le fil de votre roman.

La cinquième phase fait passer une forme d'impatience pour un ultime élan de motivation. Là, en fait, vous en avez juste plus qu'assez de votre roman. Il vous sort par les yeux. Si vous le terminez, c'est surtout pour vous dire que c'est derrière vous.

Écrire un roman dont on est dégoûté·e ne facilite pas la tâche, aussi, à cette phase, je vous conseille de prendre du recul. Consacrez-vous à la préparation d'un autre roman, à l'écriture d'une nouvelle, voire à une activité complètement différente...

Garder le moral en toutes circonstances ?

Nous l'avons vu avec mes astuces pour gérer les phases d'écriture de son roman, cela tient essentiellement à jongler entre émotions positives et négatives, sans se laisser influencer par elles. Pour autant, cela ne signifie pas qu'il vous faille entretenir un moral vaille que vaille. Voyez les baisses de moral comme une alerte de votre esprit et de votre corps pour prendre du temps pour vous.

Partie 3
De l'importance de bien se connaître pour écrire son roman

Dans la deuxième partie de ce chapitre, nous avons vu l'importance de bien se connaître pour écrire son roman. Mais nous avons juste survolé le sujet. Je vous propose maintenant d'apprendre à faire le point sur vous-même, dès que vous vous mettez au travail sur votre roman.

L'importance de bien se connaître à travers ses objectifs

Dès que vous en ressentez le besoin, dressez un bilan pour une période choisie. N'attendez pas que s'écoule une année, un trimestre ou un mois pour le faire. Vous pouvez, par exemple, faire le point depuis le début de l'écriture de votre roman.

Dans un premier temps, concentrez-vous sur vos objectifs :

- Quels étaient-ils ?
- Où en êtes-vous pour chacun d'eux ?
- Ces objectifs étaient-ils prioritaires ? Pourquoi ?
- Quels sont vos nouveaux objectifs ? Sur quelle période ?

- Citez trois éléments qui ont contribué à atteindre vos objectifs
- Citez trois éléments qui ont contribué à ne pas atteindre vos objectifs
- Qu'aimeriez-vous changer pour la prochaine période ?
- Qu'allez-vous changer pour cette prochaine période ?

Vous noterez la différence pour les deux dernières questions, entre ce que l'on veut et ce que l'on mettra en place pour obtenir ce que l'on veut.

Prendre le recul nécessaire

Prendre du recul est un passage obligé, car il nous permet de pointer ce qui fonctionne et ce qui ne fonctionne pas, notamment dans un contexte temporel.

Une question de priorités

Ici, nous allons nous concentrer sur la notion de priorités.

Pour rappel, une tâche ou une activité est prioritaire quand on ne peut pas la décaler. (Autrement, elle est juste importante ou lambda. Rappelez-vous la matrice d'Eisenhower dans la partie 2 du chapitre 1.) Outre les *deadlines* professionnelles, c'est à vous de déterminer le caractère prioritaire d'une tâche ou d'une activité.

À ce titre, vous pouvez répondre aux questions suivantes pour débroussailler un peu le sujet :

- Citez trois activités qui vous ont pris trop de temps
- Citez trois activités que vous aimeriez (re) prendre ou approfondir
- Quelles sont vos priorités pour la prochaine période ?
- Quelle(s) solution(s) allez-vous mettre en place pour la prochaine période ?

Évidemment, l'idée est de ne sélectionner que certaines tâches ou activités. On ne peut pas les rendre toutes prioritaires, de même que, à toutes les mettre au même niveau (lambda), elles perdent de leur poids sur votre organisation. (Mais ne vous mettez pas la pression pour autant !)

Ce que l'on veut et ce que l'on peut

Ce n'est pas parce que l'on veut quelque chose qu'on pourra forcément l'obtenir. Malgré nos efforts, il arrive que ce soit impossible, d'où l'importance de prioriser ce qui peut l'être :

- Combien de temps consacrez-vous à l'écriture, chaque semaine ?

- Pourriez-vous lui consacrer plus de temps, chaque semaine ?
- Citez trois raisons majeures qui vous empêcheraient
- Pourriez-vous trouver une solution à chacune de ces raisons ?

Un bilan le plus complet possible

L'importance de bien se connaître pour écrire son roman passe, vous l'aurez compris, par un bilan le plus complet possible. N'ayez pas peur de votre constat ni de vos doutes ; c'est normal de douter, surtout quand on crée du contenu, quel qu'il soit. Dégagez-vous plusieurs heures. Installez-vous, seul·e, dans un endroit calme et, surtout, ne vous jugez pas.

Ne vous focalisez pas sur le négatif, mais ne l'ignorez pas non plus. Remontez votre période choisie pour en tirer le meilleur et poser sereinement les bases de votre réflexion, avec le recul nécessaire.

Partie 4
Des astuces pour tirer profit de son bilan

Je reviens avec des astuces pour faire le bilan et, surtout, en tirer profit. Si vous avez répondu aux questions de la partie précédente, je vous invite à vous poser à nouveau pour aménager des solutions aux problèmes que vous avez rencontrés.

Qui êtes-vous et pourquoi agissez-vous ?

Une fois votre bilan dressé, revenez-en aux bonnes questions à vous poser :

- Quels étaient vos trois objectifs de départ ? Où en êtes-vous pour chacun d'eux ?
- Ces objectifs étaient-ils prioritaires ? Pourquoi ?
- Quels sont vos nouveaux objectifs ? Sur quelle période ?
- Citez trois éléments qui ont contribué à atteindre vos objectifs. Citez trois éléments qui ont contribué à ne pas atteindre vos objectifs.
- Qu'aimeriez-vous changer pour la prochaine période ? Qu'allez-vous changer pour la prochaine période ? (Il y a, je le rappelle, une différence entre ce que vous voulez faire et ce que vous allez entreprendre pour y parvenir.)

À ce stade, vous avez vos réponses. Vous pouvez donc vous demander qui vous êtes et pourquoi vous agissez. Répondez le plus franchement possible. Pourquoi écrivez-vous ce roman ? Pour qui ? Vous sentez-vous suffisamment investi·e dans son écriture ? Pour quelle(s) raison(s) ? Qu'est-ce qui vous motive ? Vous démotive ? Interrogez-vous sur votre propre place au sein de ce roman que vous écrivez, du temps que vous lui accordez et du temps que vous vous accordez.

Le temps dont vous disposez

Avec ce paragraphe, j'en reviens au temps.

La précédente de mes astuces pour tirer profit de son bilan consistait à s'interroger sur soi-même. Il s'agit d'un élément dont on ne peut pas se passer, et il en va de même pour le temps. Nous avons besoin de temps pour écrire. Ce temps, il nous faut le dégager. L'instaurer. (J'en avais déjà parlé dans le tout premier chapitre de cette formation.)

Attendre d'avoir un moment de libre pour écrire, c'est opposer l'écriture au reste : vie de famille, sorties, loisirs... Écrire, c'est une habitude à prendre, peu importe le temps que vous avez à consacrer à cette activité chaque semaine. Et chacun·e ne disposera pas du même.

Activités et priorités

C'est là que je reparle de priorités. Car, sans priorités, pas d'objectifs réels. Vous aurez, au mieux, l'impression d'en avoir : travailler sur votre roman, par exemple. Demandez-vous, plutôt, ce que vous avez à faire précisément sur ce roman. Là, c'est tout de suite plus motivant !

Côté priorités, c'est aussi le moment d'effectuer un tri parmi vos activités. Comme je l'écrivais plus haut, si vous attendez un créneau pour écrire, vous serez encore là dans cent ans. Donc, voyez les activités qui vous ont pris trop de temps. Y tenez-vous vraiment ? Aussi, voyez les activités que vous aimeriez reprendre ou poursuivre. Elles sont essentielles à votre épanouissement personnel, et il est bien connu qu'agrandir son champ des possibles est excellent quand on écrit ; ça stimule la créativité.

Enfin, demandez-vous

- quelles sont vos priorités pour la prochaine période choisie
- quelle(s) solution(s) vous allez mettre en place pour les gérer.

Un temps pour vous

Écrire, c'est du temps que vous vous accordez. Et c'est là la dernière de mes astuces pour tirer profit de son bilan : faites-vous plaisir ! Accordez-vous le temps nécessaire à l'élaboration de votre intrigue, à la création de vos personnages, à l'écriture de votre roman.

Au-delà de la question du temps que vous dégagez pour écrire chaque semaine, listez les raisons pour lesquelles vous aimez écrire. (Oui, ça rejoint un peu l'idée du « soi-même » évoquée plus haut. Je boucle ainsi la boucle.) Dans la partie précédente, je vous demandais de lister trois raisons majeures susceptibles de vous empêcher de dégager le temps nécessaire à l'écriture. Aujourd'hui, penchez-vous sur trois raisons majeures susceptibles de vous pousser à dégager le temps nécessaire à l'écriture. Voyez le côté positif de l'exercice... et tirez davantage profit de votre bilan.

Mes astuces pour tirer profit de son bilan : chacun·e les siennes

Dans cette partie, je vous ai livré mes astuces pour tirer profit de son bilan. Évidemment, il s'agit de mes astuces, et je les ai développées au fil de mes années d'expérience. De votre côté, notez vos propres astuces dans votre Bullet Journal. (Par exemple.) Relisez-les de temps en temps, quand vous n'arrivez pas à écrire ou quand vous vous sentez débordé·e, incapable de trouver le temps d'écrire. Dernière astuce pour la route : pour être certain·e de revenir à cette page régulièrement, rendez-la agréable à consulter. Décorez-la de stickers, de citations inspirantes, voire de *doodles*.

Enfin, veillez à vous replacer au centre de votre activité. Je le répète : l'écriture, ce n'est pas que de la technique, c'est aussi beaucoup de *mindset*.

6. ET L'AUTEUR·RICE DANS TOUT ÇA ?

Partie I
La peur de l'échec quand on écrit un roman

La peur de l'échec quand on écrit un roman est très fréquente. Pour autant, elle n'est pas impossible à éradiquer. Toutefois, avant d'envisager des solutions contre la peur de ne pas y arriver, examinons, ensemble, ses mécanismes pour repérer vos blocages.

Les raisons de la peur de l'échec

La peur de l'échec quand on écrit un roman peut découler de trois raisons majeures :

- La peur de ne pas finir le roman
- Une focalisation sur le roman
- Le manque de confiance en soi.

Cependant, comme rien n'est jamais aussi simple, elle est parfois associée à la peur de la page blanche, à celle de s'éparpiller, à un syndrome de l'imposteur ou à des idées reçues et pensées limitantes. (Que nous aborderons dans la prochaine partie.)

Avant toute chose, il convient que vous déterminiez ce qui nourrit votre peur de l'échec. Demandez-vous si la page blanche vous effraie. (À quand remonte la dernière fois où vous n'avez plus écrit ?) Avez-vous tendance à vous éparpiller ? (Dans les projets ou les étapes d'un même roman.) Souffrez-vous du syndrome de l'imposteur ?

C'est là la première étape avant d'envisager tenir à distance la peur de l'échec.

Tenir à distance la peur de l'échec

Ici, je vous dirai d'abord d'écrire seul·e et en groupe. En groupe pour vous « mesurer » aux autres et constater qu'iels éprouvent les mêmes appréhensions que vous. Il peut donc être intéressant d'en parler avec elleux. Seul·e pour vous retrouver avec votre écriture et gérer vos (nouvelles) habitudes.

Du point de vue communautaire

Avant d'essayer de travailler seul·e sur la peur de l'échec quand on écrit un roman, je conseille toujours d'aborder le problème du point de vue communautaire. L'idée, ici, est de puiser dans l'émulation autour de l'écriture, que l'on parle de réseaux sociaux, de Discord ou d'un défi :

- Le NaNoWriMo (National Novel Writing Month) est un rendez-vous annuel durant lequel des auteur·rice·s du monde entier se fixent d'écrire 50 000 mots sur le mois de novembre (il existe une variante, en avril et en juillet, qui consiste à écrire selon son propre quota)
- Les Nuits de l'écriture réunit un groupe d'auteur·rice·s sur un Discord de façon ponctuelle (environ un samedi par mois)
- Les ateliers d'écriture réunissent plusieurs auteur·rice·s (IRL ou en ligne) pour écrire autour d'une thématique ou d'un problème précis.

Évidemment, il n'y a pas des défis d'écriture tous les jours, et, au bout d'un moment, c'est à chacun·e de trouver son propre équilibre dans la pratique régulière de l'écriture. (Attention, « pratique régulière » ne signifie pas « pratique quotidienne ».)

Du point de vue personnel

C'est ici que j'aborde le point de vue personnel, celui qui implique que vous soyez votre propre maître·sse dans l'écriture. Là aussi, il existe divers procédés afin de repousser la peur de l'échec :

- Les prompts d'écriture vous aideront à pratiquer l'écriture régulièrement, avec moins de pression que si vous travailliez sur votre roman
- Un rituel d'écriture vous permettra d'aborder sereinement votre session
- Le journaling.

Les prompts d'écriture se font à partir d'un ou plusieurs mots, d'une phrase ou d'une image. La plupart du temps, les textes que l'on écrit à partir d'un prompt n'ont pas vocation à finir dans le roman en cours. Ils sont donc un excellent moyen d'écrire sans se mettre la pression, puisqu'ils n'aboutiront pas à un texte publiable. Vous pouvez, évidemment, les associer à un rituel d'écriture.

Le rituel d'écriture, c'est ce moment où vous prenez confiance avant d'écrire la moindre ligne. Souvent, il s'agit d'une succession d'habitudes agréables et doit occuper le temps que vous estimez nécessaire. Le principe du rituel d'écriture est d'instaurer ou de réinstaurer votre confiance en soi. Là, encore, vous pouvez l'associer au journaling.

Quand je parle de journaling, je n'entends pas forcément que vous décoriez vos pages d'écriture comme je peux le faire. (Mais, dans l'absolu, pourquoi pas, si ça vous permet de vous mettre en condition avant une session d'écriture ?) Le journaling consiste à écrire, chaque matin, avant votre première session, tout ce qui vous passe par la tête. L'objectif est de libérer tout ce qui vous traverse l'esprit, tout ce que vous avez sur le cœur. Ainsi, vous n'y penserez plus au moment de vous mettre au travail.

La peur de l'échec quand on écrit un roman

La peur de l'échec quand on écrit un roman n'est pas une fatalité. J'ai cité, dans cette partie, quelques solutions, mais je suis sûre qu'il en existe plein d'autres. À vous de trouver laquelle vous correspond. Mon dernier conseil serait pour vous d'écrire le plus assidûment possible.

Prendre l'habitude fait partie du développement, tant celui de votre roman que le vôtre. On a moins peur d'une activité quand on se frotte régulièrement à elle. Veillez aussi à vos limites. Optez pour des objectifs réalisables et des *deadlines* suffisamment confortables pour vous. Écrivez, écrivez, écrivez, mais ne vous forcez pas !

Partie 2
Les idées reçues dans l'écriture créative

Les idées reçues dans l'écriture créative sont légion. Je vous propose de faire le point afin de ne pas les laisser empiéter sur l'écriture de votre roman.

L'impact des idées reçues dans l'écriture créative

Avant d'aborder les idées reçues les plus fréquentes dans l'écriture créative, je tenais à vous parler de leur impact. Vous connaissez sûrement (au moins pour en avoir entendu parler) le syndrome de l'imposteur, la peur de l'échec, celle de réussir... Ils sont tous trois issus – entre autres – des idées reçues, bien ancrées dans le domaine de l'écriture créative.

Une idée reçue est une opinion qui se calque sur le stéréotype et le schéma adaptable à de nombreuses situations. Les idées reçues dans l'écriture sont autant de raisons, valables en apparence, de tout laisser tomber. (Ici, l'écriture de votre roman.) Vous en rencontrerez forcément au fil de vos recherches sur le processus créatif, voire dans certains contenus censés vous aider dans l'écriture de votre texte. (Elles sont tellement bien ancrées que certaines passent à travers les mailles du filet.)

Des idées dangereuses pour la créativité

Ces idées reçues (et pensées limitantes) sont dangereuses pour votre créativité, car elles vous induisent à la confusion. Pire, elles vous confortent dans l'erreur, qui vous semble tellement plus facile que « forcer ».

Je les mentionnais plus haut : le syndrome de l'imposteur, la peur de l'échec, celle de réussir impactent la créativité. Ils puisent dans les craintes de l'auteur·rice, et ces craintes puisent leur force dans les idées reçues. Ils sont une vision étroite de ce que nous nous estimons capables de réaliser ou pas. (Généralement, on ne s'en sent pas capable, du fait d'idées reçues envahissantes.)

Les idées reçues qui impactent la créativité

Nous avons tendance à dire que nous sommes ce que nous pensons, aussi bâtissons-nous notre personne sur un système de croyances, souvent erronées, par ailleurs. C'est la raison pour laquelle je conseille souvent de pratiquer l'affirmation positive, mais, attention, ça ne sert pas à grand-chose si, au préalable, vous n'identifiez pas vos pensées limitantes. Vous devez mettre le doigt sur ce qui vous freine, mais aussi sur les personnes qui ont véhiculé, voire véhiculent encore ces pensées autour de vous. Vous couper des personnes toxiques – si elles sont incapables de comprendre le problème et de changer – est primordial ; il en va de votre bien-être !

Les idées reçues que d'autres véhiculent

Alors, au rayon des idées reçues que d'autres auteur·rice·s véhiculent, il y a à dire ! C'est là que je vous mets en garde contre les conseils d'auteur·rice·s qui s'apparentent plus à des règles qu'à des conseils :

- Il n'y a que les habitudes et les routines qui fonctionnent pour vraiment avancer
- Il faut écrire tous les jours pour vraiment avancer
- Il est important d'écrire seul·e pour vraiment avancer (et ne pas se laisser distraire)
- Il faut en vivre pour se déclarer auteur·rice
- L'échec est une étape nécessaire et formatrice
- Il faut faire des sacrifices pour avoir le temps d'écrire...

La fonction limitante des idées reçues dans l'écriture

C'est à force de les entendre ou de les lire que ces idées reçues dans l'écriture limitent certain·e·s auteur·rice·s dans leur épanouissement à écrire un roman. (Ou tout autre texte.) Vous ne devez leur accorder aucune attention ; elles ne sont que le fruit d'affirmations erronées et bâties sur des stéréotypes.

Concentrez-vous sur l'écriture de votre roman, sur vos besoins et vos limites. Et si, vraiment, il vous est difficile de vous détacher des idées reçues, j'ai répertorié les principales énoncées plus haut avec des exercices pour que vous puissiez travailler dessus.

Partie 3
Gérer l'enthousiasme pendant l'écriture de son roman

Gérer l'enthousiasme pendant l'écriture de son roman est un passage obligé du processus créatif. On a tendance à se dire que l'enthousiasme, c'est bien, mais, si on réfléchit, un excès d'enthousiasme n'est pas si bienvenu. Vous vous demandez pourquoi ? Tout est ci-dessous !

L'euphorie du début

L'enthousiasme survient essentiellement au tout début de l'écriture de son roman, quand celui-ci est tout neuf.

Si vous avez suivi la méthode flocon (ou toute autre méthode ayant pour but de préparer votre roman), vous avez déjà fait connaissance avec vos personnages, votre intrigue et le contexte dans lequel tout ceci va évoluer. Et, si vous n'avez pas préparé votre roman, le résultat est le même, à la différence que vous plongez dans l'inconnu. (Et c'est peut-être plus exaltant.)

Dans un cas comme dans l'autre, gérer l'enthousiasme pendant l'écriture de son roman prend tout son sens. Parce qu'il y aura l'excitation de la découverte. C'est une période où tout est possible, puisque rien n'est encore écrit. Pour autant, un excès d'enthousiasme est la porte ouverte à bien des « dérives ».

Gérer l'enthousiasme pendant l'écriture de son roman : trouver le juste milieu

L'enthousiasme, donc, c'est bien. Trop d'enthousiasme, c'est moins bien parce que plus compliqué à gérer. Parce qu'on a l'impression, surtout, de déborder de cette énergie créatrice dont on sait pourtant qu'elle ne durera pas.

Canaliser son énergie créatrice

Ici, il est surtout question du bien-être de l'auteur·rice, quelle que soit la façon dont vous procédez.

Dans la troisième partie du chapitre 5, nous avons vu l'importance de se fixer des objectifs et de les respecter, y compris sans chercher à en faire plus ni trop. (Dans le respect de ses priorités et limites, donc.)

L'excès d'enthousiasme, lui, pousse à créer toujours plus. Il est le moteur quand on commence à écrire son roman, mais, comme pour une voiture neuve, on n'en connaît pas forcément la puissance.

Voyez les débuts d'un nouveau roman comme l'essai d'une nouvelle voiture ou comme votre première fois sur un vélo. On ne connaît pas encore bien l'engin avec lequel on roule. Et, comme on ne connaît pas encore bien l'engin avec lequel on roule, on ne va pas se lancer à toute vitesse.

Étape par étape

Le secret, pour ne pas subir un excès d'enthousiasme (subir, oui), c'est de procéder étape par étape. De prendre le temps de

- se fixer des objectifs raisonnables, en adéquation avec ses envies, ses besoins et ses limites
- faire ou refaire connaissance avec soi-même
- s'organiser sereinement.

On va en revenir, un instant, à la deuxième partie du chapitre 1. Rappelez-vous ce que j'écrivais à ce propos :

Pour des objectifs viables, veillez à découper un gros objectif en sous-objectifs : vous pourrez le recalibrer selon son évolution (ajouter des étapes, en fusionner...), et ils vous donneront l'impression d'avancer vraiment.

C'est naturellement que je vous le répète ici et maintenant. Pensez-y quand vous commencerez votre roman. N'hésitez pas à prendre rendez-vous avec vous-même en vous définissant clairement des créneaux d'écriture (chaque jeudi de 17 à 18 heures, par exemple) et ne débordez pas de ces créneaux. Vous canaliserez ainsi l'excès d'enthousiasme et ne tomberez pas dans ses travers.

Gérer l'enthousiasme pendant l'écriture de son roman

Gérer l'enthousiasme pendant l'écriture de son roman peut paraître bien surfait. Il est pourtant nécessaire d'apprendre à canaliser votre énergie créatrice afin de ne jamais en manquer. Parfois longue à recharger, elle est à la base de votre roman. C'est elle qui vous donne suffisamment envie de le commencer, puis de le continuer. Ne donnez pas à votre désillusion future de quoi croître. (Mais, ça, nous en parlerons dans la prochaine partie.)

Partie 4
La désillusion quand on écrit un roman

La désillusion quand on écrit un roman n'est pas inévitable... à condition d'apprendre à écrire sans pression. Forcément, c'est une étape à laquelle vous n'aimez pas (ou n'aimeriez pas) être confronté·e, alors, piochez dans mes idées pour la repousser !

Au-delà de la liste des effets positifs de l'écriture

Dans mon article dédié à mes astuces globales pour gérer les phases d'écriture de son roman, je parlais d'établir une liste des choses positives que vous rencontrez pendant l'écriture. L'idée était (et l'est toujours) de retrouver l'enthousiasme du début en essayant de comprendre ce qui faisait cet enthousiasme.

Aujourd'hui, je vais aller plus loin dans ce conseil, puisque nous allons travailler à améliorer votre état d'esprit quand vous écrivez. (Oui, ça paraît un peu cryptique dit comme ça, mais tout va bien se passer.)

Déconstruire l'écriture

Avant d'envisager reléguer la désillusion au rang de simple souvenir, il vous appartient de déconstruire l'écriture. Et déconstruire l'écriture passe par des procédés tout simples, comme vous dire qu'il ne s'agit pas d'une course, que le rythme des autres appartient aux autres, qu'il n'est pas besoin d'écrire chaque jour pour progresser...

Écrire, c'est vous accorder le temps nécessaire à cette activité, selon vos envies, vos besoins et vos limites. Déconstruire l'écriture, c'est écrire en adéquation avec ces envies, besoins et limites. C'est apprendre à écrire en adéquation avec eux, avec vos valeurs.

La désillusion : une étape inutile ?

La désillusion quand on écrit un roman n'est jamais une étape inutile. Au contraire, vous avez beaucoup à apprendre de votre état d'esprit à ce moment-là. Après, si vous pouvez l'éviter pour les projets suivants, c'est tant mieux. En tout cas, au début, il serait naïf de croire que vous pouvez y échapper systématiquement. (Même si ça arrive.) Une fois de plus, je vous invite à considérer l'étape sous un angle optimiste, plutôt que comme une contrainte.

Voyez ce qu'elle a à vous apporter. Prenez des notes sur votre ressenti à ce moment-là. Analyser votre processus créatif. Bref, soyez tout même un·e auteur·rice : penchez-vous sur vous-même et apprenez.

Voir au-delà de la désillusion

Après la désillusion revient une nouvelle phase optimiste. Moins que l'enthousiasme du début, souvent, mais optimiste quand même. L'idée, ici, est de veiller à ne pas replonger dans la désillusion. Que vous soyez traversé·e par des idées moroses ou habité·e par un sentiment d'échec, parfois, c'est se rappeler que rien n'est parfait. Si un quelconque syndrome de l'imposteur prend le dessus, là, c'est qu'il y a encore du travail pour que vous puissiez vous épanouir vraiment dans l'écriture. (Et c'est aussi mon but à travers cette formation, car l'écriture, ce n'est pas que de la technique.)

Répétez-vous que vous y arriverez

Répétez-vous que vous y arriverez, et tout se passera bien. Non, ce ne sera pas parfait, car rien ni personne ne l'est jamais. Surtout pas un premier jet. N'essayez pas de positiver à l'extrême, ce n'est pas forcément bon de ne pas regarder les problèmes en face ou de ne pas les considérer comme ce qu'ils sont : de vrais problèmes, pas une fantaisie dans votre quotidien d'auteur·rice. Enfin, considérez l'écriture de votre roman comme un travail, plutôt qu'une passion ; vous réaliserez davantage l'importance de votre bien-être dans cette activité.

Partie 5
Le sursaut d'optimisme quand on écrit un roman

Le sursaut d'optimisme quand on écrit un roman est ce moment où l'on se rend compte que, finalement, le texte n'est pas si pourri. Que tout n'est pas perdu ni encore joué. Vous cherchez des astuces pour mettre à profit ou faire durer ce sursaut d'optimisme ? Vous êtes au bon endroit !

Le sursaut d'optimisme quand on écrit un roman, c'est quoi ?

Quand on écrit un roman, vient un moment, après la désillusion, où tout paraît à nouveau possible. C'est un peu comme une lumière au bout du chemin : on réalise qu'il ne s'agit, après tout, que d'un premier jet et qu'il n'a pas vocation à être parfait. (Oui, je le répète souvent, ici ou là, mais je lis encore trop d'auteur·rice·s qui se mettent une pression dingue pour écrire un premier jet le plus propre possible.)

Pour vous la faire courte, le sursaut d'optimisme, c'est quand tout va mieux. (Surtout après la phase de désillusion que l'on vient de traverser.) Attention, cependant, à ne pas sombrer dans l'effet inverse.

Le sursaut d'optimisme qui rend tout parfait (ou l'effet Bisounours)

À ce stade, n'allez pas croire que votre texte est magnifique. Son écriture vous enthousiasme à nouveau, et vous puisez dans votre logique pour déconstruire l'écriture (comme nous l'avons vu dans la partie précédente), mais ne laissez pas cet optimisme déborder. C'est un peu le même « piège » que pendant la première phase avec l'enthousiasme. À bonne dose, il est d'une utilité inouïe. Si vous tombez dans l'excès, il vous empêchera de rester objectif·ve.

Garder les pieds sur terre

Si le sursaut d'optimisme quand on écrit un roman permet de relativiser l'acte d'écriture, il empêche parfois de garder les pieds sur terre. Dans le paragraphe précédent, je parlais de rester objectif·ve.

Le sursaut d'optimisme aura (peut-être) tendance à vous pousser à écrire plus pour vous prouver que, oui, vous pouvez le faire. Il vous donnera (peut-être) envie de repartir en arrière pour lire ce que vous avez déjà écrit. C'est le pire de tous.

Mettre à profit son sursaut d'optimisme

Cultiver l'optimisme dans son écriture est important, mais à juste dose, et, pour la trouver, il faut passer par divers tests et étapes :

- Mettez-vous d'accord avec l'idée que, pour écrire un roman, il n'est pas utile de faire des sacrifices (vie de famille, vie sociale, loisirs ou sommeil)
- Essayez-vous aux gratitudes pour pouvoir piocher dedans dès que vous en ressentez le besoin
- Mettez en place un système de « petits coupons du bonheur » que vous viendrez récupérer pour coller dans votre Bullet Journal, votre agenda...
- Enfin, sortez-vous la tête de ce roman.

D'autres méthodes existent, et je suis sûre que vous finirez par trouver la vôtre. N'hésitez pas, aussi, à tenir un journal d'auteur·rice ou à vous lancer dans un journal créatif.

Cultiver son optimisme

Être auteur·rice ne consiste pas seulement à écrire. J'en parlais déjà un peu dans la partie précédente : penchez-vous sur vous même et apprenez. Aménagez-vous de vrais temps de pause, vous seriez surpris·e de tout ce qu'ils peuvent vous apprendre sur vous-même, sur votre organisation et votre processus créatif.

Partie 6
La chute libre quand on écrit son roman

La chute libre quand on écrit son roman est la quatrième phase du processus d'écriture... et pas la plus simple à gérer. Pour découvrir mes astuces, c'est dans cette partie !

Maîtrise-t-on encore le roman ?

Dans la partie 2 du chapitre 5, je décrivais cette phase comme celle où l'on a l'impression de ne plus rien maîtriser. J'ajoutais que, en la traversant, il nous faut résister à l'envie de repartir en arrière pour corriger tout ce que l'on peut, au détriment des avancées du roman.

C'est précisément lors de cette étape que vous devez vous convaincre que vous tenez le bon bout. Ce n'est pas le moment d'abandonner. Et bien sûr que vous maîtrisez toujours votre roman !

Pour vous aider à maintenir le cap, j'ai deux astuces :

- Noter tous les changements qui vous viennent à l'esprit dans un carnet
- Afficher clairement vos objectifs.

Astuces pour gérer la chute libre quand on écrit son roman

En écriture créative, on entend souvent parler de conseils. Moi, je préfère parler d'astuces.

Un conseil, souvent, on le prend pour argent comptant, voire pour acquis dès lors que l'on a réussi à le mettre en application. (Mais c'est le sujet de la dernière partie de ce chapitre.) En général, quand on entend « astuce », on sait d'emblée à quoi s'en tenir : un moyen parmi tant d'autres de gérer une situation précise.

Tenir un « carnet des changements »

Dans le chapitre 5, je donnais une première astuce pour résister à l'envie de sans cesse revenir en arrière : tenir un « carnet des changements ». J'expliquais aussi pourquoi un carnet et pas un fichier sur l'ordinateur :

> **Pourquoi spécifiquement un carnet ? Parce qu'il vous donnera une perspective nouvelle et vous pourrez y revenir sans remonter le fil de votre roman.**

Vous pourrez noter, dans ce carnet, tous les éléments qui vous traversent l'esprit, y compris quand l'ordinateur est éteint. (Si vous écrivez déjà votre roman dans un carnet, prenez-en un autre, le résultat sera le même.) L'idée est, justement, de ne jamais revenir en arrière dans votre manuscrit. Si vous revenez en arrière, vous vous mettrez à corriger tout ce qui vous tombe sous la main et n'avancerez dans l'écriture de votre roman qu'en théorie. Et nous savons tou·te·s que, en théorie, tout se passe bien, mais que la pratique, c'est souvent plus compliqué.

Cette première astuce a surtout le mérite de vous tenir éloigné·e de corrections précipitées et, surtout, hasardeuses. Parce que des corrections bien menées sont des corrections bien pensées, et que, actuellement, ce n'est pas ce qui doit vous préoccuper.

Afficher clairement ses objectifs

Pour y parvenir, j'ai une autre astuce, qui consiste à afficher clairement vos objectifs. Gérer la chute libre quand on écrit son roman, c'est aussi anticiper cette chute libre. Et quoi de mieux que des objectifs parfaitement définis pour vous y aider ?

Vous l'avez sûrement compris dès le début de cette formation, je ne jure presque que par les objectifs. Correctement définis (c'est-à-dire simples, réalistes et raisonnables), ils vous mèneront loin. Au point final de votre roman, dans l'idéal. Durant la phase de la chute libre, je vous conseille de réafficher vos objectifs, de vous les réapproprier et de prendre le temps de les réaffirmer. Je m'explique :

- Réaffichez vos objectifs : imprimez-les et encadrez-les au-dessus de votre plan de travail, ajoutez-les sur votre fond d'écran d'ordinateur, collez-les dans votre Bullet Journal ou votre agenda...
- Réappropriez-vous vos objectifs : compte tenu des dernières semaines et de ce qui a éventuellement impacté votre vie (un déménagement, un rhume, un enfant malade...), revoyez vos objectifs, à la baisse s'il le faut. Faites en sorte qu'ils vous correspondent toujours, même si, pour cela, vous devez reculer pour mieux sauter
- réaffirmez vos objectifs : que vous en ayez changé ou non, rappelez-vous que vos objectifs sont votre phare en pleine tempête. Ils représentent un point d'ancrage au cours de l'écriture de votre roman, qu'il s'agisse de l'écriture en tant que telle ou du repos que vous devez vous accorder.

Une étape après l'autre

Écrire un roman n'est pas une course, mais un marathon. Vous traversez des creux et des périodes de folie, c'est normal. N'essayez pas de les éviter, car ils peuvent vous apprendre beaucoup sur vous-même et votre processus créatif. Au contraire, nourrissez-vous de ce qu'ils vous enseignent, tirez-en des leçons. Gardez toujours un œil sur vos objectifs et n'hésitez pas à multiplier les supports pour débloquer la situation.

Partie 7
Se donner les moyens de finir d'écrire son roman

Se donner les moyens de finir d'écrire son roman est un vaste sujet. Il vous implique dès maintenant, même si, à ce stade, vous n'avez peut-être pas encore commencé à écrire votre roman. Aussi, je vous invite à lire cette partie maintenant et à y revenir plus tard, le moment venu.

Comme pour Rome, de nombreux chemins mènent au mot « Fin », mais les trucs et astuces des un·e·s ne fonctionnent pas pour les autres. J'ai recensé les méthodes qui ont fonctionné pour moi à un moment donné, en espérant qu'elles vous aideront.

Avant de commencer : ne pas confondre enthousiasme et obstination

Avant de commencer, il est bon de rappeler que cette cinquième étape des phases d'écriture fait passer une forme d'impatience pour un ultime élan de motivation. (J'en parlais dans la partie 2 du chapitre 5.) Il se peut donc fortement que vous n'aspiriez qu'à boucler votre premier jet pour en être débarrassé·e. (N'ayez pas honte de l'admettre ; au contraire, la lucidité est un atout.) Avec le recul nécessaire, elle vous permettra de définir ce dont vous avez besoin.

Prendre du recul pour finir d'écrire son roman

Pour finir d'écrire son roman, nul besoin de se précipiter. Vous avez le temps. (Sauf si vous essayez de tenir une *deadline* intenable.)

Sur cette avant-dernière ligne droite, accordez-vous le recul qui vous permettra de bien faire les choses. En somme, trompez l'impatience.

Se consacrer à un autre projet

Ma première astuce pour tromper l'impatience consiste à démarrer un nouveau projet. Roman, nouvelle, recueil, faites-vous plaisir. Le top serait de vous consacrer à ce que j'appelle un « projet détente », c'est-à-dire sans la moindre *deadline*, ni professionnelle ni personnelle. L'idée est d'y consacrer le temps que vous voulez, quand vous le voulez et de savoir le mettre de côté quand vous ne souhaitez pas travailler dessus.

Bien sûr, un tel projet nécessite de bien connaître son moi auteur·rice afin de ne pas finir avec un roman inachevé sur les bras. Si vous craignez de ne pas pouvoir boucler un manuscrit dans ces conditions, j'ai une seconde astuce.

Se consacrer à une autre activité

Plutôt que vous lancer dans un projet détente, vous pouvez simplement vous essayer à une autre activité : aquarelle, collage, photo, natation... Une activité qui ne vous engage à rien et dans laquelle vous savez que vous ne chercherez pas à entrer en compétition avec vous-même.

Voyez du côté des groupes sur Facebook ou des Discord pour rejoindre une communauté. Intégrez une association de votre ville. Renseignez-vous auprès de vos proches. Les possibilités sont multiples, et il est toujours bienvenu de se sortir la tête de son roman.

Finir d'écrire son roman est bon pour l'autosatisfaction

Ce n'est pas un secret : finir d'écrire son roman est bon pour l'autosatisfaction. Le seul fait de poser le point final est un immense soulagement, même si nombre d'auteur·rice·s ressentent un certain vide à l'idée d'en avoir fini avec leur premier jet.

Pour autant, vous n'en êtes pas encore là ; aussi, dans la prochaine partie, nous verrons comment flatter votre autosatisfaction jusqu'à ce que vous finissiez d'écrire votre roman. (Histoire de vraiment tenir bon !)

Partie 8
Gérer la dernière phase d'écriture de son roman

La dernière phase d'écriture de son roman est un nouvel élan d'enthousiasme, une ultime poussée de motivation. Il s'agit d'une phase positive avec, tout de même, quelques revers. Voyons comment les éviter.

La dernière phase d'écriture de son roman

La dernière phase d'écriture de son roman est celle de tous les espoirs. On touche au but, mais, aussi, on en a un petit peu assez de ce manuscrit, alors on essaie de le terminer au plus vite. Pour satisfaire l'ego, notamment.

Gardez toutefois à l'esprit que vous

- avez le temps. Vous
- focaliser sur la fin de votre roman n'est jamais une bonne idée (manque de recul, de discernement, impatience...)
- n'avez pas à vous mettre inutilement la pression. (Personne n'attend votre roman, désolée de vous le rappeler.)

Une histoire d'autosatisfaction

En écriture, il n'y a pas de petite victoire, et c'est là qu'intervient l'autosatisfaction.

La dernière phase d'écriture de son roman peut être compliquée à gérer. L'auteur·rice est partagé·e entre l'envie de finir par acquit de conscience et celle de finir juste pour finir. Personnellement, j'ai recours à deux astuces pour m'éviter de bâcler une fin de roman :

- Lister chaque élément qui composera cette fin
- Établir un planning complet.

Lister chaque élément de la fin

Ma première astuce consiste à lister chaque élément qui composera la fin de mon roman :

- Scènes
- Confrontation(s)
- Révélation(s)/épiphanie(s)
- But(s) atteint(s) et non atteint(s)...

Ce procédé me permet 1) d'y voir plus clair et 2) d'avoir un vrai sentiment d'évolution à mesure que je raye les éléments intégrés.

Y voir plus clair, évidemment, c'est pour la cohésion de l'ensemble, pour savoir où je vais, ce qui a été fait et, *a contrario*, ce qui n'a pas été fait. Le sentiment d'évolution, lui, est très important, surtout quand on enchaîne sur les dix derniers pour cent de son roman. L'impression de stagner peut vite pousser à en bâcler l'écriture, ce qui rendra les corrections plus ardues, voire nécessitera une réécriture partielle.

Rayer les éléments intégrés au fur et à mesure est très motivant et autosatisfaisant, mais je ne procède pas n'importe comment, d'où l'importance d'établir un planning.

Établir un planning précis

Établir un planning précis est ma seconde astuce pour gérer la dernière phase d'écriture de son roman.

Je l'écrivais dans l'introduction, elle comprend quelques revers. En effet, elle est, à la fois, très motivante et épuisante. Très motivante parce qu'on est à deux doigts de boucler un roman entier. (Ce qui n'est jamais rien !) Épuisante parce qu'il a surtout fallu tenir sur la longueur et que l'esprit pense déjà, mine de rien, aux corrections. On a le cerveau à cent à l'heure. Il faut penser à tout, à fermer les divers arcs narratifs ouverts, à régler les différends entre les personnages, à expliciter les nœuds de l'intrigue... Et il arrive que, à force de devoir penser à tout, l'on oublie des éléments importants. D'où mon astuce de la liste.

Néanmoins, cette liste n'a de réel impact dans le quotidien d'un·e auteur·rice que s'iel l'intègre concrètement à ce quotidien. Autrement, elle n'est qu'une liste parmi d'autres et on se dit qu'on a le temps. Alors, oui, ce temps, vous l'avez et vous êtes libre de finir votre roman quand bon vous chante. Rappelez-vous néanmoins que vous êtes à dix pour cent de le boucler et qu'il serait dommage de louper l'occasion de le faire tant que tout est frais dans votre mémoire. Finir plus tard (« trop tard ») n'en sera que plus ardu. La tâche nécessitera sûrement une relecture complète, durant laquelle vous noterez un tas de détails à changer. (Ce que n'implique absolument pas la dernière phase d'écriture de son roman quand elle est franchie à temps.)

Votre roman, vos règles du jeu

Je terminerai en vous rappelant qu'il s'agit de votre roman et, par extension, de vos règles du jeu. C'est à vous de décider quel planning convient le mieux pour gérer la dernière phase de l'écriture de votre roman. Ne vous laissez pas influencer par tout un tas de règles soi-disant infaillibles ou inévitables : elles ne le sont pas. Observez-en quelques-unes, celles qui correspondent vraiment à votre façon de travailler. Les autres, jetez-les aux oubliettes... au moins le temps de ce roman. Qui sait, peut-être en aurez-vous besoin pour le suivant ?

Partie 9
Votre roman, vos règles du jeu : les conseils d'écriture

Dans le dernier paragraphe de la partie précédente, je parlais de « votre roman, vos règles du jeu ». Maintenant, je creuse le sujet avec les conseils d'écriture et terminerai, d'ailleurs, la formation avec lui, car j'estime qu'il vous faut apprendre à vous situer par rapport à ces conseils pour en profiter pleinement.

Pourquoi ne pas suivre aveuglément les conseils d'écriture ?

Les conseils d'écriture sont parfaitement utiles et indiqués dans le cadre de l'écriture d'un roman. Attention, toutefois, à ne pas tout prendre pour argent comptant. Un conseil donné correspondra à certain·e·s auteur·rice·s seulement, et c'est normal. Nous n'avons pas tou·te·s le même temps disponible, les mêmes obligations, la même vie...

À partir du moment où vous avez intégré cette idée, vous pouvez davantage vous fier aux conseils d'écriture afin d'en tirer le meilleur.

Tirer le meilleur des conseils d'écriture

Je l'écrivais au-dessus, tou·te·s les auteur·rice·s n'ont pas le même temps disponible, les mêmes obligations, la même vie... Pour cette raison, vous devez apprendre à trier les conseils d'écriture et ne garder que ceux qui se rapprochent le plus de votre processus créatif. Oui, il est logique de vouloir tout conserver et expérimenter, mais, après l'expérimentation, il vous faudra faire un choix. Un choix que vous devrez renouveler à un moment ou un autre. Pour y parvenir, je m'en réfère à deux éléments :

- L'auteur·rice à un instant T
- L'auteur·rice et ses objectifs du moment.

L'auteur·rice à un instant T

L'auteur·rice à un instant T, c'est ce qui læ caractérise à ce moment précis : déménagement prévu, naissance d'un bébé, arrivée d'un chiot ou d'un chaton à la maison, situation compliquée au travail... C'est, surtout, ce qui fait que l'auteur·rice donnera ou non la priorité à l'écriture.

À l'heure où l'injonction à la productivité se fait de plus en plus forte, certaines personnes ont de plus en plus de mal à s'aménager des créneaux pour ce qui n'apporte rien. (Sous-entendu ce qui n'apporte pas d'argent.) Il y a cette forte tendance à penser « utile », y compris dans notre créativité. Cette tendance à penser « rentabilité », surtout. La rentabilité passe autant par l'aspect financier que l'aspect temporel. On ne peut pas se permettre de perdre du temps, alors en perdre sur le long terme pour une activité qui ne nous apportera peut-être rien (absence de publication, par exemple), quelle idée...

C'est précisément ce qui nous pousse à grappiller plein de conseils d'écriture. Dans un souci de gain de temps, on s'essaie à des techniques qui nous échappent ou ne nous correspondent pas. Ne reproduisez pas (plus) ce schéma. Voyez plutôt par rapport à vos objectifs ce qu'il serait bon de mettre en place.

L'auteur·rice et ses objectifs du moment

Les objectifs. On y revient. À l'importance de les définir par rapport à l'instant T évoqué au-dessus, notamment.

Souvenez-vous des trois questions à vous poser avant de les définir :

- Avez-vous vraiment envie d'écrire ce roman ?
- Êtes-vous prêt·e à allouer le temps nécessaire à l'écriture de votre roman ?
- Votre objectif est-il réalisable ?

Ces trois questions reviendront régulièrement dans votre processus créatif, de façons mensuelle, hebdomadaire et quotidienne. En fonction de vos objectifs du moment, vous pourrez cibler des conseils d'écriture qui leur correspondent, des astuces à même de servir ces objectifs. N'écoutez pas celleux qui vous promettent des résultats immédiats.

L'écriture est un apprentissage de tous les jours

En écriture créative, les résultats immédiats n'existent pas.

Dans cette formation, je me suis efforcée d'être la plus transparente possible en termes d'investissements temporel et personnel. Mon objectif n'a jamais été de vous encourager à tort et à travers ni au-delà de ce dont vous êtes capable, mais de vous encourager à prendre conscience que vous en êtes justement capables. Je reste persuadée que, avec les bons outils, vous écrirez des romans palpitants, à l'égard desquels vous vous sentirez en phase complète.

ANNEXE 1. MA MÉTHODE FLOCON REVUE ET AMÉLIORÉE

Si elle aide bon nombre d'auteur·rice·s à s'y retrouver dans la structure de leur roman (grâce à ses nombreux repères), la méthode flocon a encore mieux à offrir : une version moins statique, que j'estime aussi plus cohérente.

Étape 1 : les personnages

La méthode flocon préconise de commencer par un résumé en une phrase de son roman. Nous commencerons plutôt par les personnages, car une fiche-personnage très complète peut amener à des idées, à des associations d'idées, à des intrigues secondaires auxquelles on n'aurait pas forcément pensé en commençant par le résumé. (C'est-à-dire en ayant une idée assez arrêtée sur les grandes lignes du roman.

Sans personnages, pas de buts, de motivations, de combats pour alimenter l'intrigue, pour la faire avancer ou reculer. Faisons donc connaissance avec vos personnages ; d'eux découleront des éléments plus précis de votre intrigue principale et de vos intrigues secondaires.

Le personnage
- Nom et prénom

- Âge
- Sexe ou genre
- Caractéristiques physiques
- Particularité(s) ou don(s)
- Famille et ami·e·s
- Place qu'il occupe dans son écosystème
- Place qu'il occupe dans la société.

Résumé de son histoire
- Qui est-il ? Où a-t-il grandi, avec qui, dans quelles conditions ?
- À quoi ou à qui se destine-t-il ?
- Quel est son passé ?

Sa motivation
- Qu'est-ce qui le pousse à essayer d'atteindre son but ?
- A-t-il soif de vengeance, besoin de se rassurer ou de découvrir la vérité ?
- Qui peut être une source de motivation pour lui ?

Son but
- Que cherche-t-il ?
- Ce peut être quelqu'un, un objet dérobé, la vérité, l'âme sœur, une raison de vivre, un

trésor, une potion, une incantation, un changement...

Son combat
- Quels obstacles va-t-il rencontrer ?
- Dans quelles proportions ceux-ci vont-ils influencer ses choix ?

Son épiphanie
- Que va-t-il découvrir sur lui-même, sur ses proches sur son antagoniste ?
- En quoi cela va-t-il le marquer et quelles décisions découleront de ces découvertes ?

Idéologie, implications morales...
- Quelles sont ses implications morales ?
- Ont-elle un lien avec ce contre quoi il a décidé de lutter ?
- Ses valeurs peuvent-elles le mettre en danger ?

Sur qui peut-il compter ?
- Sur qui peut-il vraiment compter ?
- Qui le trahira, qui ne le trahira pas ?

Quel est son antagoniste ?
- Pour quelle(s) raison(s) s'agit-il de son antagoniste ?

- Quelle est l'histoire de l'antagoniste ? Que cherche-t-il ou que cherche-t-il à prouver ? Sa quête est-elle commune à celle du personnage ? Vont-ils s'allier pour essayer d'obtenir la même chose ou, au contraire, s'opposer jusqu'au bout ? Vont-ils plutôt s'allier pour faire front à une menace commune ?

Astuce n° 1 : concentrez-vous d'abord sur le ou les personnages clés de votre roman, sur ce qui vous paraît le plus évident quant à leur histoire, leur combat, leur motivation, leurs valeurs...

Astuce n° 2 : au tout début du processus, on se fiche de connaître l'âge des personnages, leurs caractéristiques physiques, leur genre... même si ces éléments occupent une place importante dans le roman. (Et sauf s'ils ont un impact direct sur l'intrigue.)

Étape 2 : le contexte en détail

La méthode flocon recommande donc de commencer par un résumé d'une phrase du roman, étape que nous venons de remplacer par des recherches approfondies sur les personnages, puis une rapide mise en situation pour leur trouver un ton.

La deuxième étape de la méthode flocon consiste à développer ce résumé en contexte de base, et vous verrez que ma méthode est bien différente.

Évidemment, nous travaillerons sur les péripéties principales, dont vous pourrez étoffer les éléments grâce à ce que vous savez déjà de vos personnages, plutôt que chercher des idées que vous n'auriez peut-être pas à disposition autrement.

Quoi ?
- Quelle est l'action menée ?
- Qu'implique-t-elle ? (Conséquences.)
- Que cherche(nt) le(s) personnage(s) ?
- Quelles informations souhaitez-vous partager avec les lecteur·rice·s ?

Qui ?
- Qui mène l'action ?
- Qui l'action vise-t-elle ?
- Pour qui ou quoi est-elle menée ?

Où ?

- Où se situe l'action ? Territoire réel ou monde inventé ?
- Quels éléments avez-vous besoin de décrire pour que l'action qui s'y rapporte soit compréhensible ?

Quand ?

- Quand se déroule l'action ?
- S'agit-il d'une intrigue linéaire ou non ?
- S'agit-il d'une date importante de l'Histoire ?

Comment ?

- Comment l'action est-elle menée ?
- Comment a-t-elle été pensée ? (S'il s'agit d'un coup d'État ou d'un assassinat, par exemple.)

Pourquoi ?

- Pourquoi l'action a-t-elle été initiée ?
- S'agit-il d'une volonté personnelle ou partagée, et les personnages ont-ils eu le choix ?

Le qqoqcp

Quoi ? Qui ? Où ? Quand ? Comment ? Pourquoi ?
C'est en répondant à chacune de ces questions que vous en arriverez à un résumé complet de votre intrigue.

Je sais que d'habitude, on pose le qui avant le quoi, mais, personnellement, je trouve plus intuitif de s'intéresser au quoi en premier, d'autant plus que vous travaillé sur vos personnages, il y a donc possibilité de « broder », de raccorder cette action au passé d'un personnage, à ses valeurs morales, à ses ambitions...

Le schéma narratif

Il se découpe comme suit : situation initiale • élément déclencheur ou perturbateur • péripéties • élément de résolution • situation initiale.

Nous en verrons les détails (ainsi que la structure en trois actes) dans l'étape suivante.

Astuce n° 3 : vous pouvez ajouter « Combien » à votre QQOQCP. En combien de temps le problème se présente-t-il ? Combien de personnages sont-ils impliqués ?

Astuce n° 4 : n'oubliez pas qu'à ce stade, déjà, vous pouvez tout aussi dans l'intrigue de votre roman et par le biais de vos personnages... tant que c'est bien fait.

Étape 3 : les péripéties principales

La méthode flocon emploie la structure en trois actes : la situation initiale • l'élément perturbateur, les péripéties, la piste de résolution • la résolution.

À ce stade de la méthode, il est question de développer son résumé en cinq phrases ; chacune d'elles reprend les éléments cités juste au-dessus.

Jusqu'à présent, nous avons travaillé sur les personnages, puis sur le contexte de base. Nous allons maintenant employer le QQOQCP à la rédaction de ce résumé en cinq phrases, puis des péripéties principales de votre roman. Ces péripéties principales se composeront elles-mêmes d'intrigues secondaires, auxquelles nous nous intéresserons à l'étape 4.

L'acte 1 : la situation initiale
Sur quoi démarre votre roman ?

Il s'agit là de la première scène de votre roman. (Que votre intrigue soit linéaire ou non.)

Cette première scène doit donner envie aux lecteur·rice·s de continuer votre roman en se posant des questions, en ressentant des émotions, en s'inquiétant pour les personnages...

L'objectif de la situation initiale est d'en dire assez, mais pas trop pour attirer l'attention des lecteur·rice·s... et la garder !

L'acte 2

Le deuxième acte de la structure en trois actes se découpe ainsi : l'élément perturbateur • les péripéties • la piste de résolution.

L'élément perturbateur est celui qui viendra bouleverser le quotidien de vos personnages.

Les péripéties composeront les étapes qui mèneront les personnages à la piste de résolution.

Enfin, la piste de résolution, comme son nom l'indique, est un élément qui permettra aux personnages de résoudre leur problème. (Car pour avoir des péripéties, un problème doit être posé.)

L'acte 3 : la résolution

La résolution est à différencier de la situation finale.

La situation finale n'a pas vocation à résoudre le problème, mais bien d'apporter une ultime touche à votre roman. (Ou à engendrer un début de nouveau problème, une interrogation, etc. si vous envisagez un tome suivant.)

Les péripéties principales

Quelles péripéties principales composeront votre intrigue ?

Quels personnages impliqueront-elles ? À quel degré d'importance ?

Là encore, vous pouvez les développer grâce au QQOQCP.

Détaillez le plus possible (vous pourrez toujours y revenir plus tard, à tête reposée.)

Le résumé

C'est ici que l'on reprend la structure complète en trois actes afin d'écrire un résumé en cinq phrases. Chaque phrase reprend un élément de la structure : la situation initiale • l'élément perturbateur, les péripéties, la piste de résolution • la résolution.

Astuce n° 5 : ne cherchez pas vos péripéties bien loin ; les personnages sont porteurs de problématiques, de doutes, d'ambitions... Piochez-y d'éventuelles péripéties principales.

Astuce n° 6 : je trouve la structure en trois actes assez réductrice, surtout quand on travaille sur une intrigue non linéaire. N'hésitez donc pas à la complexifier d'un ou deux actes, comme un élément de résolution qui surviendrait plus tôt que dans la structure en trois actes.

Le développement du résumé

Pour développer le résumé, suivez ce résumé et ajoutez-y des éléments de compréhension, de fausses pistes, des trahisons, des amitiés que l'on brise, des amours qui se fânent... Mais, surtout, n'oubliez pas que chaque élément que vous intégrez au roman doit avoir une utilité à un moment ou un autre de ce roman.

Reprenez vos fiches-personnages (étape 1) et intégrez certains de leurs éléments au résumé. Piochez dans le résumé de l'histoire d'un personnage, dans les ambitions d'un autre... Quelles conséquences cela entraînera-t-il ? À quelle échelle ?

Étape 4 : les péripéties principales

La méthode flocon ne se penche pas vraiment sur les intrigues secondaires, alors qu'elles sont tout aussi importantes que les péripéties principales.

Ici, nous parlerons d'arcs narratifs et de les gérer. Cette étape nous sera d'une aide précieuse à la sixième, à savoir l'écriture du synopsis de travail.

Les arcs narratifs

L'arc narratif (aussi appelé « arc scénaristique ») est un élément de narratologie dans une œuvre de fiction, c'est-à-dire qu'il appartient à un ensemble plus vaste.

Il possède sa propre introduction (le problème) et sa propre conclusion, sans que celle-ci implique l'ensemble plus vaste évoqué ci-dessus.

Les intrigues secondaires peuvent tout à fait composer des arcs narratifs à part entière pour compléter ou complexifier les intrigues secondaires.

Bon à savoir

Il ne faut pas confondre intrigues et péripéties.

L'intrigue est le scénario, la trame, l'écheveau du roman.

Les péripéties sont les rebondissements, les incidents, les évènements, etc. qui composent l'intrigue.

Astuce n° 7 : Listez chaque intrigue secondaire, son élément perturbateur, son élément de résolution, sa conclusion et chaque étape menant à cette conclusion. Vous pourrez, plus tard, développer cette liste et en intégrer les éléments à votre résumé.

Ma gestion des arcs narratifs

- Étape 1 – écrire une partie du synopsis :

- o Pour tâter le terrain et avoir une petite idée d'où l'on va
- o Pour introduire précisément les personnages qui serviront de piliers, en quelque sorte, à l'intrigue
- Étape 2 – faire des fiches :
  - o Noter toutes les informations, l'implication des personnages et dans quel arc narratif ils interviennent
  - o Répertorier les lieux importants et, là aussi, noter leur implication et dans quel arc narratif ils interviennent
  - o Lister tous les arcs narratifs à mesure que vous les ouvrez
- Étape 3 – continuer à écrire le synopsis :
  - o Tenir compte des fiches précédemment réalisées
  - o Veiller à boucler les arcs narratifs les uns après les autres, de façon cohérente avec l'évolution de votre intrigue.

Étape 5 : les points charnières

La méthode flocon propose de développer le synopsis d'une page à partir du résumé en cinq phrases que vous avez obtenu dans l'étape 3, partie 3.

Bien que j'aie parlé d'écrire une partie du synopsis de travail dans les astuces supplémentaires, à la page précédente, je trouve qu'il est encore un peu tôt pour rédiger un vrai synopsis de travail.

À ce stade, vous disposez de votre résumé en cinq phrases, de fiches-personnages complètes et vous savez à peu près où vous allez grâce, notamment, aux intrigues secondaires. Surtout, vous disposez de mon plan d'attaque, toujours à la page précédente, pour gérer vos arcs narratifs sans prise de tête.

Réfléchissons plutôt aux points charnières de votre intrigue.

À table !

Dans l'étape 1, j'ai évoqué, dans les astuces supplémentaires, la possibilité d'écrire une scène de repas pour que vous trouviez le ton avec vos personnages.

Ici, vos personnages pourraient s'entretenir sur les points charnières du roman. Qui ambitionne quoi à ce stade de vos réflexions ? Qui souhaite se débarrasser de qui ? Quel stratagème mettra-t-il en place ?

Les points charnières sont des points que vous pourrez difficilement déplacer parce qu'ils impliqueront des enjeux et des conséquences trop importants. Considérez-les comme des points fixes de votre intrigue. (Évidemment, rien ne vous oblige à mettre en place ces points fixes dans l'intrigue, mais je trouve qu'il s'agit d'un bon moyen de s'assurer de ne pas déplacer certaines scènes indéfiniment au fil des corrections ou d'une réécriture.

Ces points fixes déterminent les grandes lignes de votre roman ; si vous commencez à les déplacer, l'intrigue devra bénéficier de nouveaux repères, qu'il vous faudra mettre en place.

Les « scènes en vrac »

J'ai une habitude au cours de la phase préparatoire de chaque roman : écrire ce que j'appelle des scènes en vrac.

Il s'agit de scènes au brouillon, cette fois parfaitement intégrées au contexte, à l'atmosphère et au cadre du roman.

Elles ont pour moi une double utilité :

- M'aider à trouver le ton des personnages et celui de la narration tout en exploitant déjà le contexte, l'atmosphère et le cadre du roman
- M'aider à réfléchir sur certaines zones d'ombre qui subsistent à ce stade de la phase préparatoire.

Dans le détail

Je n'ai pas de règles préétablies concernant les points charnières. Il s'agit de scènes difficilement modulables, nous l'avons vu. Hormis cette particularité, vous y intégrez ce que vous voulez.

Elles n'ont pas pour vocation à finir dans le roman, mais à vous aider à amener un élément de l'intrigue sans risquer de vous tromper, puisque vous n'avez pas encore commencé à écrire votre roman.

J'ai quelques pistes à vous proposer pour vous guider dans l'écriture de telles scènes :

- Points charnières ou pas, une scène écrite n'est pas une scène qui finira forcément dans le roman ; vous pouvez la couper, la modifier complètement, la supprimer
- Écrire une scène charnière avant l'écriture de votre roman ne vous engage à rien ; considérez cette scène comme ce qu'elle est : un brouillon destiné à vous faciliter l'écriture
- Un point charnière ne s'intéressera pas forcément aux personnages ni à l'intrigue ; profitez-en pour décrire un lieu emblématique de votre roman.

Astuce n° 8 : pour plus de facilité dans l'écriture de vos points charnières (ou scènes charnières), listez les éléments que vous souhaitez y introduire. Écrivez d'abord ce avec quoi vous vous sentez à l'aise (dialogues, narration, descriptions) et complétez avec du factuel : Biduline fait ceci ou cela. Il sera toujours temps d'ajouter du ressenti plus tard.

Astuce n° 9 : si vous ne vous sentez pas encore prête·e à écrire vos points charnières, vous pouvez seulement les déterminer. Il m'arrive de commencer à écrire le roman, avant de m'atteler à l'écriture des points charnières. Peu importe la façon dont vous procédez, l'important est qu'elle vous corresponde.

Étape 6 : le synopsis de travail

La méthode flocon fonctionne en deux temps pour la rédaction du synopsis de travail : reprendre le résumé en cinq phrases pour le développer sur une à deux pages (un paragraphe par phrase), puis reprendre ce court synopsis de travail pour le développer encore de façon à obtenir une page par phrase. (De quatre à cinq pages, donc.)

Le problème, selon moi, est qu'elle fragmente cette grosse portion du travail préparatoire avec un retour sur les personnages et leur histoire. Si vous n'êtes pas allé·e·s au bout du processus à l'étape 1, c'est le moment de compléter vos fiches-personnages. Dans le cas contraire, je vous propose de développer d'un bloc votre synopsis de travail. (On sait déjà où l'on va et on ne s'éparpille pas.)

Le synopsis de travail regroupe toutes les étapes du récit : situation initiale • élément déclencheur (ou perturbateur) • péripéties • résolution du problème • situation finale.

Il permet, avant de commencer à écrire le roman, de juger la qualité de son intrigue, puis du travail qu'il reste à parcourir avant d'en achever l'écriture.

À qui s'adresse-t-il ?

Le synopsis de travail ne s'adresse pas qu'aux apprenti·e·s auteurices ni à celleux qui tâtonnent dans l'élaboration de leur intrigue.

Il est utile pour

- élaborer une intrigue complexe et s'y retrouver facilement
- écrire sur une base solide et développée
- détecter les incohérences (même si certaines demeurent dans le premier jet)
- déterminer quelles recherches sont à effectuer avant de commencer à écrire le roman.

La première phase

Reprenez le résumé en cinq phrases écrit à l'étape 3, partie 2 pour le développer sur une à deux pages. (Un paragraphe par phrase.)

Allez dans le détail, approfondissez grâce aux intrigues secondaires. Ajoutez tout ce que vous estimez nécessaire, quitte à dépasser le nombre de pages préconisé. Je l'ai fait plus d'une fois, mais j'avais, au moins, l'assurance d'un synopsis de travail clair et détaillé. (Pas besoin de me demander ce que j'aurais voulu dire par telle ou telle phrase, faute de précision.)

La phase 2

C'est là que commencent les choses vraiment très sérieuses. À terme, cette version du synopsis de travail sera celle sur laquelle vous vous reposerez tout au long de l'écriture de votre roman. Je vous propose trois méthodes pour obtenir un synopsis de travail le plus abouti possible.

Trois méthodes pour écrire votre synopsis de travail

Méthode 1

Il s'agit du procédé de la méthode flocon : développez le synopsis d'une à deux pages écrit à l'étape 6, partie 1 jusqu'à obtenir quatre à cinq pages. (Une par paragraphe.)

Méthode 2

Là encore, il s'agit d'une subtilité de la méthode flocon : écrivez un synopsis d'une page environ par personnage principal (une demi-page par personnage secondaire), puis entremêlez-les selon la chronologie de votre intrigue.

Méthode 3

En partant de votre résumé d'une à deux pages ou de vos synopsis par personnages, rédigez le premier tiers de votre synopsis de travail, ajustez après l'écriture du premier tiers du roman et ainsi de suite. (Consultez le diagramme pour plus de détail.)

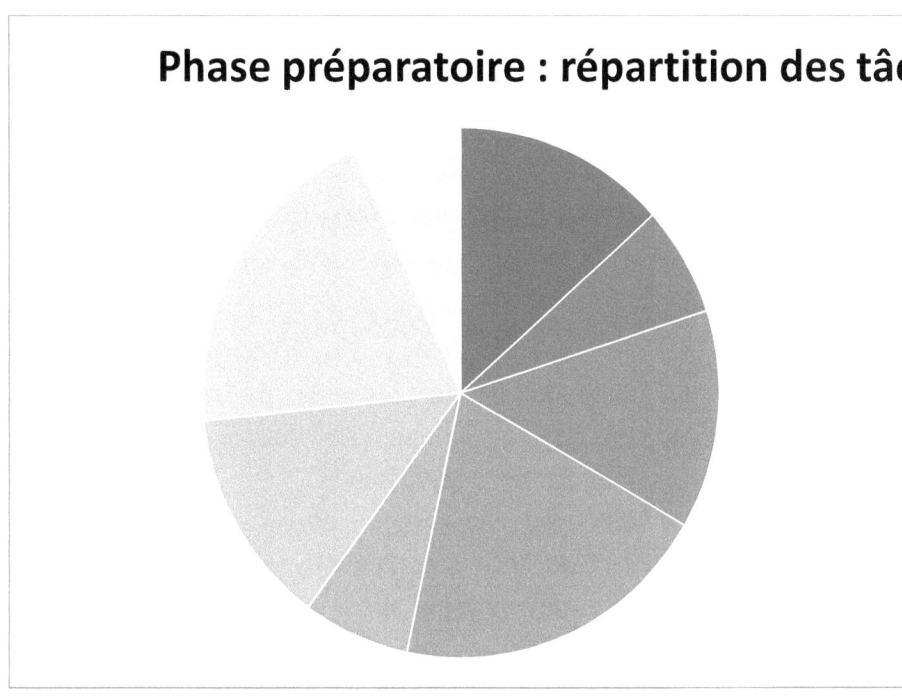

Phase préparatoire : répartition des tâc

Astuce n° 10 : si, au cours de l'écriture de votre synopsis de travail, vous avez un doute sur une information, n'hésitez pas à entamer de brèves recherches pour ne pas vous tromper.

Astuce n° 11 : cette étape est celle où vous vous interrogerez sur l'utilité de chaque aspect de votre intrigue. Anticipez l'étape 7 en réfléchissant à vos scènes et à ce qu'elles apporteront à l'intrigue et aux personnages : doutes, opposition, confidences, rapprochement...

Étape 7 : le découpage du roman

La méthode flocon conseille de terminer par le découpage de votre roman. (Le rythme, c'est important, je suis bien d'accord là-dessus !)

Ce découpage se fera en chapitres, mais avant de parvenir à cette forme, nous allons lister toutes les scènes du roman en nous basant sur le synopsis de travail établi à l'étape 6.

Cette étape, c'est aussi le moment de revoir vos associations d'idées, de vérifier que tout fonctionne dans le synopsis de travail, que chaque personnage est à sa place à chaque moment où il intervient dans l'intrigue...

La première phase

Reprenez votre synopsis de travail. (Ou son premier tiers si vous avez opté pour la troisième méthode, en page précédente, qui est d'ailleurs la mienne.)

Isolez-en les grands axes, puis les intrigues secondaires qui s'y rattachent.

Quelles scènes seraient utiles ? Voyez du côté des points charnières, même s'il faudra innover. C'est la phase où tout se met en branle, où les personnages se positionnent et où vous pourrez suivre leur cheminement.

Si vous avez un doute quant à l'utilité d'une scène (mieux vaut tard que jamais), utilisez le QQOQCP rien que pour elle. Le « comment » et le « pourquoi » sont, ici, très importants : ils détermineront si la scène apporte des éléments de réponse ou de résolution du problème.

La deuxième phase

La deuxième phase consiste, en vous appuyant sur la liste des scènes que vous ajouterez à votre roman, à les répartir en chapitres.

Je rappelle qu'il est inutile que tous les chapitres de votre roman fassent la même taille. Le chapitre idéal n'est pas un nombre spécifique de mots.

L'intensité, les cliffhangers, la place qu'occupent les évènements, celle de l'action, des descriptions, la présentation des personnages sont autant d'éléments à prendre en compte lorsqu'on décide de la longueur de son chapitre. Un chapitre doit peser le nombre de mots (ou de sec) dont il a besoin pour faire le job.

Et après ?

Une fois votre roman découpé en liste et en chapitres, vous pouvez commencer à l'écrire. Néanmoins, s'il vous faut effectuer des recherches, c'est maintenant. N'hésitez pas à revenir sur le synopsis de travail si vos recherches vous amènent à en modifier certains éléments, à supprimer des scènes, à les modifier...

La check-list complète

Cochez vos cases au fur et à mesure pour vous rendre compte du travail accompli, plutôt que de toutes les tâches à accomplir.

Dites-vous que ce qui est fait n'est plus à faire. (Peut-être à refaire, mais la base est là.) Un travail bien préparé est un travail à moitié fait, alors, ne lésinez pas sur les moyens, même si certaines étapes sont optionnelles.

Je vous souhaite beaucoup de plaisir dans l'écriture de votre roman, qu'il s'agisse du premier ou du dixième.

Je vous souhaite de vous y épanouir, d'y aborder les thématiques qui vous tiennent à cœur, de rêver les yeux grands ouverts...

Les tâches marquées d'un cercle plein sont facultatives.

Les fiches-personnages
- o Le personnage
- o Le résumé de son histoire
- o Sa motivation
- o Son but
- o Son combat

- Son épiphanie
  - Idéologie, implications morales...
  - Sur qui peut-il compter ?
  - Quel est son antagoniste ?

Le contexte
  - QQOQCP
  - Le schéma narratif

Les péripéties principales
  - L'acte 1 : la situation initiale
  - L'acte 2
  - L'acte 3 : la résolution

Les intrigues secondaires
  - La situation initiale
  - L'élément perturbateur
  - Les péripéties
  - L'élément de résolution
  - La situation finale

Les points charnières
  - Liste des points/scènes charnières

Le synopsis de travail
  - Développer le résumé en cinq phrases (une à deux pages)

- o Développer le synopsis d'une à deux pages (quatre à cinq p.)
- • Écrire un synopsis par personnage, puis entremêler
- • Rédiger le synopsis de travail tiers par tiers

Le découpage
- o Lister les scènes utiles (plan)
- o Découper en chapitres

ANNEXE 2. PLANNING D'ÉCRITURE SUR TROIS MOIS

Vous trouverez, dans cet espace, un planning d'écriture prévisionnel sur trois mois. Pour plus de praticité, je l'ai adapté à un roman de 50 000 mots, à un autre de 80 000 mots et à un dernier de 100 000 mots.

Semaine 1

- o Environ 4000 mots pour un roman de 50 000 mots (800 mots par jour, avec deux jours « off »)
- o Environ 6100 mots pour un roman de 80 000 mots (1017 mots par jour, avec un jour « off »
- o Environ 11 200 mots pour un roman de 100 000 mots (1600 mots par jour)

Semaine 2

- o Environ 4000 mots pour un roman de 50 000 mots (800 mots par jour, avec deux jours « off »)
- o Environ 6100 mots pour un roman de 80 000 mots (1017 mots par jour, avec un jour « off »
- o Environ 11 200 mots pour un roman de 100 000 mots (1600 mots par jour)

Semaine 3

- Environ 4000 mots pour un roman de 50 000 mots (800 mots par jour, avec deux jours « off »)
- Environ 6100 mots pour un roman de 80 000 mots (1017 mots par jour, avec un jour « off »
- Environ 11 200 mots pour un roman de 100 000 mots (1600 mots par jour)

Semaine 4
- Première phase d'ajustements
- On en profite pour relire le texte si le besoin s'en fait ressentir

Semaine 5
- Environ 5400 mots pour un roman de 50 000 mots (1080 mots par jour, avec deux jours « off »)
- Environ 8200 mots pour un roman de 80 000 mots (1400 mots par jour, avec un jour « off »
- Environ 15 000 mots pour un roman de 100 000 mots (2200 mots par jour)

Semaine 6
- Environ 5400 mots pour un roman de 50 000 mots (1080 mots par jour, avec deux jours « off »)
- Environ 8200 mots pour un roman de 80 000 mots (1400 mots par jour, avec un jour « off »

- o Environ 15 000 mots pour un roman de 100 000 mots (2200 mots par jour)

Semaine 7

- o Environ 5400 mots pour un roman de 50 000 mots (1080 mots par jour, avec deux jours « off »)
- o Environ 8200 mots pour un roman de 80 000 mots (1400 mots par jour, avec un jour « off »
- o Environ 15 000 mots pour un roman de 100 000 mots (2200 mots par jour)

Semaine 8

- o Deuxième phase d'ajustements
- o On en profite pour relire le texte si le besoin s'en fait ressentir

Semaine 9

- o Environ 4400 mots pour un roman de 50 000 mots (880 mots par jour, avec deux jours « off »)
- o Environ 7500 mots pour un roman de 80 000 mots (1300 mots par jour, avec un jour « off »
- o Environ 5400 mots pour un roman de 100 000 mots (800 mots par jour)

Semaine 10

- o Environ 4400 mots pour un roman de 50 000 mots (880 mots par jour, avec deux jours « off »)
- o Environ 7500 mots pour un roman de 80 000 mots (1300 mots par jour, avec un jour « off »
- o Environ 5400 mots pour un roman de 100 000 mots (800 mots par jour)

Semaine 11

- o Environ 4400 mots pour un roman de 50 000 mots (880 mots par jour, avec deux jours « off »)
- o Environ 7500 mots pour un roman de 80 000 mots (1300 mots par jour, avec un jour « off »
- o Environ 5400 mots pour un roman de 100 000 mots (800 mots par jour)

Semaine 12

- o Environ 4400 mots pour un roman de 50 000 mots (880 mots par jour, avec deux jours « off »)
- o Environ 7500 mots pour un roman de 80 000 mots (1300 mots par jour, avec un jour « off »
- o Environ 5400 mots pour un roman de 100 000 mots (800 mots par jour)

Semaine 13

- o Troisième et dernière phase d'ajustements

  o On en profite pour relire le texte si le besoin s'en fait ressentir

Je sais qu'écrire 2200 mots par jour paraît impressionnant, surtout avec toutes les obligations de la vie quotidienne. Rappelez-vous cependant du travail en profondeur et prenons, deux secondes, mon cas personnel (après, promis, je vous laisse travailler) :

- 20 minutes = environ 500 mots, 700-800 dans des cas plus rares
- 50 minutes = environ 1300 mots, 1500-1600 dans des cas plus rares.

Si je suis ce raisonnement, vous pouvez écrire vos 2200 mots en moins de deux heures, voire même en une heure trente. Mais il s'agit là d'un cas plus extrême, même si je tenais à en parler.

ANNEXE 3. RESSOURCES

Vous trouverez, grâce au QR Code, les ressources mentionnées tout au long de ce guide : articles de blog et livres. (Mot de passe : PeuImporteLaPenteDeLaMontagne. Lien : https://audereco.com/3-mois-pour-ecrire-un-roman-les-ressources.) Cliquez et vous y serez !

- Le livre *Deep work* de Cal Newport
- Mon avis sur *Deep work* de Cal Newport
- *Pas d'excuses : le pouvoir de l'autodiscipline* de Brian Tracy
- Mon avis sur *Pas d'excuses : le pouvoir de l'autodiscipline* de Brian Tracy
- J'ai mentionné la matrice d'Eisenhower dans cet épisode du podcast *Créactivité* sur les priorités
- *Comprendre la procrastination pour atteindre ses objectifs*, écrit par moi-même
- Mon article sur les structures narratives du récit
- Ma méthode flocon revue et améliorée.

L'AUTRICE

Je suis autrice dans les genres de l'imaginaire et la romance à destination des adultes et des jeunes adultes. J'ai écrit une vingtaine de romans et novellas, dont certains ont reçu des prix. (Vampires & Sorcières 2014 et un Watty Award en 2019.)

Mes fictions ont un but divertissant, tout en abordant des thématiques qui me sont chères, sans forcément verser dans la morale : passé, identité, famille, différence, vie après la vie.

Mes personnages féminins occupent des places de choix, même s'ils ne sont pas systématiquement centraux. Je ne leur attribue pas un « beau rôle » pour ensuite les affilier à des personnages masculins en tant qu'épouse de l'un, amante de l'autre, meurtrière d'un autre encore… Je dois mes personnages féminins à trop de séries télé de ma génération (années 90) portées par des hommes, même si des personnages comme Samantha Carter dans *Stargate : SG-1*, les sœurs Halliwell dans *Charmed* ou Sally dans les romans jeunesse *Spooksville* ont bercé mon enfance. C'est aussi, je pense, ce qui fait de mes romans des hybrides, n'appartenant pas à un genre spécifique.

Je suis une autrice qui termine toujours ce qu'elle commence, donc, si je publie le premier tome d'une série, la suite paraîtra. J'ai aussi pour règle d'or de ne jamais, jamais écrire de maltraitances animales.

Je conçois mal qu'en 2022, des personnes issues des minorités n'aient pas la possibilité de s'identifier à autant de personnages qu'elles le voudraient. (Parce que le manque de diversité.) Moi-même issue de la sphère LGBT+, j'écris de la diversité autant que possible, mais en m'appuyant sur les retours de personnes concernées quand je ne le suis pas moi-même. Enfin, si j'avais un credo, ce serait : « Les personnages queer, racisés et handicapés ont aussi droit au bonheur ». Ah, oui, aussi, les personnages féminins qui n'ont d'autre rôle que de satisfaire le héros, de l'encenser, de vouloir l'assassiner, de le manipuler… me gonflent prodigieusement.

BIBLIOGRAPHIE SÉLECTIVE

Noces d'éternité – **novella gothique – éditions du Petit caveau – 2014 – 80 pages – Couverture signée Alexandra V. Bach**
 Prix Vampires & Sorcières 2014
 Mots-clés : Angleterre victorienne – secrets de famille – maison hantée

Cœur sommeil – **romance gothique – autoédition – 2017 – 275 pages – Couverture signée Le Monde de Fleurine**
 Mots-clés : Angleterre victorienne – secrets de famille – maison hantée

Appartiens-moi – **roman urban fantasy – autoédition – 2019 – 352 pages – Préface de Cécile Duquenne**
 Mots-clés : mystère – magie – M/M

Comprendre la procrastination pour atteindre ses objectifs – **guide d'écriture – autoédition – 2020 – 147 pages**
 Mots-clés : syndrome de l'imposteur – légitimité – estime de soi

Les Murmureurs – roman fantastique – autoédition – 2021 – 221 pages

Mots-clés : Écosse – secrets – île

Ocre rouge – western steampunk – éditions Voy'el – 2021 – 232 pages – Couverture signée Céline Simoni

Mots-clés : aventures – famille – M/M